以终为始

Begin with the End in Mind

Constant Personal Growth for Talents in the Digitalized Era

数字化时代人才
终身成长之道

黄波 ◎著

机械工业出版社
CHINA MACHINE PRESS

图书在版编目（CIP）数据

以终为始：数字化时代人才终身成长之道 / 黄波著. —北京：机械工业出版社，2023.7

ISBN 978-7-111-73545-8

I. ①以… II. ①黄… III. ①人才培养 – 研究 IV. ① C964.2

中国国家版本馆 CIP 数据核字（2023）第 135580 号

机械工业出版社（北京市百万庄大街 22 号　邮政编码 100037）
策划编辑：朱　劼　　　　　　　　责任编辑：朱　劼　陈佳媛
责任校对：龚思文　刘雅娜　陈立辉　责任印制：刘　媛
涿州市京南印刷厂印刷
2023 年 10 月第 1 版第 1 次印刷
170mm×230mm・13.25 印张・1 插页・171 千字
标准书号：ISBN 978-7-111-73545-8
定价：79.00 元

电话服务　　　　　　　　　网络服务
客服电话：010-88361066　　机　工　官　网：www.cmpbook.com
　　　　　010-88379833　　机　工　官　博：weibo.com/cmp1952
　　　　　010-68326294　　金　书　网：www.golden-book.com
封底无防伪标均为盗版　机工教育服务网：www.cmpedu.com

·· 推荐序一 ··

为教育做点有意义的事情

两个多月前，黄波教授发给我书稿，请我为他写序。我好奇于他担任教授伊始就为同学们开设的新课程到底讲什么内容，也想全面了解他在英特尔亚太研发有限公司等久负盛名的科技企业工作二十年以来的心路历程，就很爽快地答应了下来。陆陆续续把书稿读了好几遍，每每被书中所写的内容感动，也被王文汉博士的推荐序所感染。然而，虽记下来零零碎碎的语句，却一直没有静下心来整理成稿。黄波是个真诚和善解人意的人，催了两次未遂，也就只能无奈地"静待花开"。希望不要因为我的拖延给他和出版社造成太多麻烦。

黄波和我在复旦大学计算机系有十年的交集，我们同在1990年9月进入复旦，他从江西考到复旦计算机系，我在成都科技大学教了两年书后成为复旦计算机系的博士研究生。2000年1月他博士毕业，那时我正担任计算机系的系主任，因为工作关系，在他离开学校去英特尔亚太研发有限公司之前我们经常交流，此后也一直保持着联系。三年前他和我提起想来华东师范大学教书，为教育做点有意义的事情。承蒙钱旭红校长的慧眼识珠，黄波于2020年11月正式成为华东师范大学的教授，我们也因此有了一位既在业界取得卓越成就而又对教育充满热忱，既有教育情怀又深受学生欢迎的老师。

本书是黄波教授连续两年为学生开设"事业启航"课程后的总结之作。我对"以终为始"的理解就是持续迭代，永续成长，就是事上磨炼，抵抗熵增。对计算机专业人士是这样，对所有成功的人生，这大概也是不二之法。人才自主培养是本书关注的一个重点，这是黄波教授近二十年企业工作的感悟。高品位是自主人才培养的基本要求，犯其至难方能图其至远，让学生学会沟通，达到人情练达的境界，至诚无息，创造和创新才可能发生。

他担任学校计算机科学拔尖 2.0 项目的责任教授，相信他所带领的团队一定会闯出一条创新人才自主培养的新路。目标管理和时间管理也是本书的重要内容。目标是灯塔。明确目标，设立检查点，体现了"没有反思的人生不值得过"的智慧。这些都是黄波教授自身的人生经验总结，有很强的可实践性。

数字时代是一个崭新的时代，作为数字技术专业人士的黄波教授引经据典，娓娓道来，春风化雨，润物无声，既语重心长，又振聋发聩。愿每一位读者都能感受到作者"为教育做点有意义的事情"的强烈情怀，达成自身数字化时代的持续成长。

周傲英
华东师范大学副校长
2023 年 4 月

·· 推荐序二 ··

以终为始,快乐启航

我在英特尔服务了将近四分之一个世纪,其间两度被公司派驻上海,前后长达五年。有幸能近距离地见证一批有为青年的成长蜕变,看着他们日后成为各行各业的领袖。五年光阴快过飞箭,天天惊喜,日日欣慰。不知不觉中我也受到启发,努力地跟着他们进步。

黄波博士是我在上海最早共事的工程师之一。他待人真诚,就像大家的兄长一般。我离家万里,受到他的照顾尤其多,虽然虚长他十多岁,还是很亲切自然地跟着大家叫他"波哥"。

波哥扎实的硬实力在初次见面时令我印象深刻。他是计算机编译器的专家,系统优化的高手。这些领域相当艰深,难学难精。波哥年纪轻轻竟能拥有如此重要的本领,让我十分震撼。更令我吃惊的是波哥成熟的软实力。他至诚待人,善于沟通;坚忍刚毅,乐观果决;不争一时,放眼千秋。波哥充满正能量,让人觉得世界充满了喜悦和希望。

波哥的实力、气度和高度,树立了优秀工程师的典范。由于他的杰出和优秀,便众望所归地成为英特尔在中国本土选出的第一位首席工程师,随后又很快被选为第一位高级首席工程师。接着波哥决定挑战自我,在英特尔以外的大世界开拓新局，也为他的人生写出更美丽的篇章。

波哥开始全职执教生涯后，除了讲述计算机系统技术，更传授成长之道。当我收到波哥的大作时，喜出望外，拜读细嚼，很有启发。人生是马拉松，不是百米赛跑。波哥深信"天生我材必有用"，精心为年轻人量身定做了这本成长手册。不论我们是像《士兵突击》里的许三多还是成才，都可以通过波哥的传授，制定属于自己的人生目标，以终为始，快乐启航，盈科后进，放乎四海。

我在上海的人生，蒙波哥的指教，留下了愉快且丰富的记忆。祝福本书读者也能在波哥的启发下快乐启航，开创美满的人生！

王文汉
英特尔荣誉高级院士
英特尔前副总裁暨英特尔研究院院长

前　言

　　我在企业界工作了20余年，所从事的工作都跟计算机系统与系统软件相关。先后体验了独资外企、创业公司及民营企业不同的公司文化，与很多年轻的工程师一起工作，在实现自我成长的过程中也见证了这些年轻工程师的成长。我于2020年11月加入华东师范大学数据科学与工程学院，开始了自己的全职执教生涯。也是从那个时候开始，"如何结合自己的从业经验及阅历，更好地帮助学生成长"成为我日常思考的一部分。

　　随着整个社会逐步进入数字化时代，社会的发展对人才的素养及人才培养方法提出了新的诉求，解决基础研究中的"卡脖子"问题以及引领未来技术的探索也需要大批的数字化时代的创新者。结合数字化时代的特点，如何让学生养成持续的自我探索与成长规划的习惯，并为追求未来更加美好幸福的人生做好充分的准备，这应该是大学教育中一项非常重要的教学内容。在校的学生迟早会离开学校踏上工作岗位，因此，为提升学生的自我认知能力并基于准确的自我认知进一步把自身的优势和兴趣与未来的职业相匹配，很有必要开设一门独立的课程去讲述自我探索的理论及实践。通过这门课程的学习，学生可以提升自我精准定位的能力，并通过基本职业素养与职业技能的训练提升自己在职业规划和求职过程中的主动性、有效性以及对未来工作的适应性。这门课程也可以进一步使学生更加从容地面对未来的职业选择，更加顺利地融入未来的从业单位，并在未来的成长过程中快乐自信地向更好的自己稳步迈进。

基于上述初衷，我于2021年春季学期开始在华东师范大学数据科学与工程学院尝试开设"事业启航"课程，试图通过这门课程引导学生把职业发展与持续的自我成长挂钩，在不断成长的过程中实现自我提升，从而更加积极地面对未来的人生。期望学生通过"事业启航"这门课程的学习，能够达成如下几个学习目标：

- 掌握自我探索的基本方法，在学习、工作和生活中逐步找到自己内心的热忱所在；
- 理解成长在学习和工作中的重要性，在学习和工作中聚焦能力的提升和自我成长，逐步构建自己的核心竞争力；
- 掌握职业规划的基本方法，能够更加理性地结合自己的实际情况合理定位自己的未来职业；
- 掌握求职过程中的一些重要技能，并通过课堂实践来强化；
- 了解及初步掌握未来工作中所需具备的各项基本技能，如时间管理、系统化的问题探索、高效会议、团队合作、演讲等。

"事业启航"课程的开设其实也是人才培养的一种新的尝试，课程的宗旨是鼓励学生通过自我探索提升自我认知，并通过实践来实现通用技能和自我管理技能的提升，从而拥有更加幸福的人生。

从2021年春季学期及2022年春季学期两次"事业启航"课程的讲授情况来看，这一课程受到了学生的广泛喜爱。他们都觉得这门课程非常"实用"，对他们以后的成长及未来职业规划很有帮助。下面摘录的几位学生对此课程的反馈也充分印证了这一点。

"上了这门课之后，我基本了解了职业规划和求职过程中必须要经历的流程，能够更积极主动地把控自己的选择，对于工作中的职业素养和技能，也有了一些了解。"

"通过这门课，我更加了解自己是一个什么样的人。刚上课时，老师让我们互相写下自己眼中的自己和别人眼中的自己，在看到别人眼中的我时，我深受启发。别人眼中我重视和关心的事情，我自己反而完全没有意识到自己的重视。这样一种交流和思考的方式，让我有机会更加深入地认识自己，未来我也会去寻找这样交流的机会，对自己保持更加全面、清楚的认知。"

"在华师大的最后一学期能参与这样一门有趣的课程真的很开心。立足当下，展望未来，有目标，有准备，这便是我在这门课上最大的收获。我将怀揣着这些收获，带着梦想扬帆起航。"

为鼓励更多的学生掌握自我探索的方法并为未来的事业启航及终身成长做好充分的准备，从而更加自信从容地步入职场，我决定把这门课程的讲义整理成书，这就是本书的由来。

本书共分三篇。第一篇"启航准备"主要介绍事业启航前需要掌握的基本方法、原则与技能，包括自我探索的原则与方法、对成功和成长的辩证认知、以终为始的规划与做事原则、时间管理方法实践以及系统化的问题探索方法；第二篇"职业选择"介绍职业选择过程中需要面对的各项事宜，主要包括职业匹配方法与原则、简历撰写技巧与方法、如何准备及进行面试、如何选择合适的职业机会等；第三篇"扬帆成长"介绍进入职场以后提升工作效率的一些职业素养及技能，主要包括初入职场、高效会议、团队合作、演讲技能以及如何在新的环境下实现自我突破、享受成长。

本书的大部分内容是我在英特尔 16 年半工作体验的总结，职业匹配（第 6 章）和简历撰写（第 7 章）的部分内容参考了以前做 JA（Junior Achievement）⊖志愿者时讲授"Career Go"㊁的一些课堂内容。如前所述，写这本书的初衷是面向高校的学生，包括大学生和研究生。然而书中的很多内容同样适用于其他青年职场人士，因为基于持续的自我探索去找寻让自己充满热忱的事业是我们一生的追求，相信读者也能结合自身情况借鉴书中介绍的诸多有关择业和从业的思考及实践。如果把持续的自我成长和不断的自我优化作为人生目标，这本书中所阐述的相关方法、实践及思考既是我们每个人在学生时代值得学习的，也是在人生长河的不同阶段中可以借鉴的。这也是我没有沿用"事业启航"的课程名，而为本书取名《以终为始：数字化时代人才终身成长之道》的缘由。此外，读者既可以从前往后连续阅读本书，也可以跳读自己感兴趣的章节。

在本书付梓之际，感谢我的妻子张琰女士在生活上对我无微不至的照顾，也感谢华东师范大学数据科学与工程学院钱卫宁老师、周烜老师和郭健美老师对我开设"事业启航"这门课程的支持，同时感谢英特尔的颜历女士对出版此书的大力支持。最后需要感谢的是参与"事业启航"两次课程的学生，是他们的反馈与鼓励让我有了把课程相关内容写作成书的勇气。

期待本书能够帮到更多的青年学子及从业青年走出困惑，从而对未来充满更多的憧憬与期待，在迈向未来追逐快乐幸福的过程中不断成为更好的自己。

黄波
2023 年 5 月

⊖ Junior Achievement（青年成就）是一家致力于帮助青少年发展的公益教育机构。青年成就中国积极与政府、教育部门和具有社会责任感的企业开展合作，为中国的大、中、小学生提供高质量、系统化的体验式公益教育项目，以提升学生在职业构建、金融素养、责任创业方面的综合素质。

㊁ "Career Go"中文叫"事业启航"，由 5 次课组成。该课程能够培养和提高学生的人际交往和解决问题的能力，引导学生对未来的职业发展做出思考和规划。来自企业的志愿者将和学生分享职业选择及职业发展的心得和建议，帮助学生了解与职业发展相关的技能，以及如何培养职业精神等。

目 录

推荐序一　为教育做点有意义的事情
推荐序二　以终为始，快乐启航
前言

第一篇　启航准备

第 1 章　自我探索 …… 2

1.1　我是谁 …… 3
1.2　能力分类 …… 6
1.3　自我探索与职业规划的关联 …… 10
1.4　橱窗分析法 …… 12
1.5　人生的 EUI 模型 …… 14
1.6　本章小结 …… 16

第 2 章　成功与成长 …… 17

2.1　什么是成功 …… 17
2.2　什么是成长 …… 23
2.3　成长之路的多样性 …… 26
2.4　如何面对成长之路上的困难和挫折 …… 27

2.5　本章小结 …… 31

第 3 章　以终为始 …… 33

3.1　折中 …… 33
3.2　目标是什么 …… 35
3.3　目标设定 …… 37
3.4　目标实现 …… 42
3.5　不忘初心 …… 45
3.6　本章小结 …… 46

第 4 章　时间管理 …… 47

4.1　时间管理的重要性 …… 47
4.2　时间管理的挑战 …… 50
4.3　要事优先 …… 54
4.4　时间冲突 …… 59
4.5　时间管理的常用诀窍 …… 60
4.6　本章小结 …… 63

第 5 章　系统化的问题探索 …… 65

5.1　解决问题的六个步骤 …… 66
5.2　创新项目选题 …… 72
5.3　创新项目探索 …… 74
5.4　创新探索三要素 …… 77
5.5　归纳总结 …… 78
5.6　自我展现 …… 80
5.7　本章小结 …… 81

第一篇　总结 …… 83

第二篇 职业选择

第 6 章 职业匹配 …… 86

  6.1 用人单位想找什么样的毕业生 …… 86

  6.2 用人单位的简单比较 …… 88

  6.3 我的职业我做主 …… 90

  6.4 职业目标的自我探索 …… 92

  6.5 本章小结 …… 95

第 7 章 简历撰写 …… 97

  7.1 招聘人员关注的关键信息 …… 97

  7.2 如何撰写简历 …… 99

  7.3 简历撰写常用技巧 …… 101

  7.4 求职信 …… 105

  7.5 本章小结 …… 107

第 8 章 从容面试 …… 109

  8.1 面试官的关注点 …… 109

  8.2 常见的面试类型 …… 111

  8.3 面试前的准备 …… 114

  8.4 面试沟通 …… 116

  8.5 在线面试 …… 118

  8.6 本章小结 …… 119

第 9 章 直面选择 …… 120

  9.1 面试后的复盘与跟进 …… 120

9.2 offer 理解与沟通 …… 123

9.3 抉择思考 …… 125

9.4 婉拒 offer …… 128

9.5 本章小结 …… 129

第二篇 总结 …… 130

第三篇 扬帆成长

第 10 章 新手上路 …… 132

10.1 注重第一印象 …… 132

10.2 熟悉工作伙伴 …… 133

10.3 熟悉工作环境 …… 135

10.4 文化融入与适应 …… 136

10.5 做最好的自己 …… 138

10.6 本章小结 …… 141

第 11 章 高效会议 …… 142

11.1 高效会议的必要性 …… 142

11.2 组织高效会议 …… 144

11.3 做决策的方法 …… 149

11.4 如何处理会议中的困境 …… 151

11.5 参加外部会议 …… 154

11.6 本章小结 …… 155

第 12 章 团队合作 …… 156

12.1 团队与团队精神 …… 156

12.2 团队发展阶段模型 …… 158
12.3 精英团队 …… 161
12.4 精英团队的团队文化 …… 165
12.5 如何面对团队冲突 …… 167
12.6 本章小结 …… 170

第 13 章 工作演讲 …… 172

13.1 常见的工作演讲类型 …… 172
13.2 演讲准备 …… 174
13.3 自信演讲 …… 179
13.4 演讲时的异常处理 …… 181
13.5 对外演讲 …… 182
13.6 本章小结 …… 184

第 14 章 享受成长 …… 185

14.1 拥抱变化 …… 185
14.2 直面挑战 …… 186
14.3 快乐成长 …… 188
14.4 本章小结 …… 192

第三篇 总结 …… 193

参考文献 …… 194

第一篇

启航准备

当我们满怀憧憬踏入大学校园的那一刻，每个人心中肯定都有一个美好未来的愿景。对于未来的自己，我们虽然无法拥有具象化的准确描述，但大概率是期待自己能在某些方面获得一定的成就。然而，开启大学校园生活之后随着时光的流逝，越来越多的同学开始对未来感到困惑，甚至感到迷茫。自己未来的人生，也逐渐变得模糊起来。

未来孕育着无穷的机会，然而通向未来的路却通常不是一帆风顺的。"凡事预则立，不预则废"，如果以个人成长作为目标，我们在大学里面应该做什么样的准备来面对未来的诸多选择呢？或者说应该以什么样的姿态来应对未来的不确定性呢？就让我们从"启航准备"开始，一起进入自我探索的世界，建立更加准确的自我认知。基于对成功和成长辩证关系的理解，了解如何围绕自己的成长目标去规划成长之路，并掌握时间管理的基本方法与实践以及系统化的问题探索方法，从而让自己在不断成长的道路上走得更加稳健。

第 1 章

自我探索

在北京大学,曾经流传着这么一则笑话:北大最具哲学头脑的人是谁呢?答案是北大的保安。这是因为他们每天遇到访客,总会询问访客哲学里的三大问题(见图 1-1):1)你是谁?2)你从哪里来?3)要到哪里去?

图 1-1 北大保安的哲学终极三问㊀

㊀ 参见 https://new.qq.com/omn/20210521/20210521A01D2Z00.html。

第1章 自我探索

笑话归笑话，回到现实生活中，针对"我是谁"的问题，很多人一下子也很难面面俱到并客观地描述自己。其实如果我们每个人都深刻地了解自己，深知自己的喜好、优点及缺点，又明确自己的人生目标，那我们人生之路的轨迹便会相对清晰许多。

1.1 我是谁

自我探索的起点是了解自己，我们可以尝试从如下几个维度来进行自我剖析：

- ❏ 性格特点
- ❏ 兴趣爱好
- ❏ 综合能力⊖
- ❏ 人生目标
- ❏ 提升方向⊖

关于上面这五个自我剖析维度，我们可以尝试看一下"我眼中的自己"和"别人眼中的我"是否一致。先拿出一张纸（或者打开电子设备上的记事应用程序），写下自己对上述5个维度的思考，越详细越好。然后找一位或几位非常要好的朋友，请对方从上面5个维度分享一下他眼中的你是什么样子的，记下对方的反馈要点并诚恳地向对方说声"谢谢"。

比较有意思的是，大多数情况下我们对自己的认知跟别人对我们的认知重叠度并不高！且看图1-2所示的两则简短的对话。

⊖ 这里的综合能力是指各方面的能力，包括专业技能和软技能。
⊖ 提升方向是指我们每个人最希望自己在哪些方面获得大幅度提升。

第一篇　启航准备

> 对话一：
> 　　甲：你学啥专业的?
> 　　乙：电子商务。
> 　　甲：哦，开淘宝店的，那一定很赚钱了。
> 　　乙：大哥，你误会了。
>
> 对话二：
> 　　甲：听说你是学光学的?
> 　　乙：是啊。
> 　　甲：那俺家灯不亮了你给修不?
> 　　乙：……

图 1-2　两则对话示例

上述的两则对话虽然有一定的戏谑成分，但的确形象地描述了我们眼中的自己跟别人眼中的我们可能有比较大的分歧。如果我们找不同的朋友去获取对我们的反馈，会发现不同的朋友提供的反馈也在不同程度上存在着差异。造成这个分歧或者差异的原因可能有很多，比如：

- 角度不一样：自己看自己的角度跟别人看我们的角度可能会有很大的不同。一般我们容易忽略自己习以为常的一些事情、品质和习惯，而且成长环境的影响可能让我们更多地关注自己的缺点而忽略自己的某些优点。俗话说旁观者清，很多时候身边的朋友或者同学会从第三方的角度发现我们自己不曾意识到的一些性格特点、爱好或者能力。
- 信息不对等：虽然我们可能会忽略关于自己的一些信息，但我们拥有的关于自己的信息数量还是远比别人掌握的关于我们自己的信息数量要大得多。基于不对等的信息，即使看人的角度一样也很难得出一致的认知，更何况不同的人看同一个人的角度通常会有差别。
- 熟悉程度：一般来说，朋友给我们提供反馈的准确程度与跟我们的熟悉程度成正比。熟悉的朋友由于和我们的接触较多，了解也比较深入，频繁的接触也让他们看到和感觉到一些我们自己可能忽略掉的兴趣爱好、综合能力等。与此相反，不熟悉的朋友所提供的反馈准确度很可能会低一点。

- 认知盲点：由于文化背景、生活经历、年龄层次、兴趣爱好等的差异，我们每个人对别人的关注点也可能会不一样，比如说学生阶段可能比较关注其他同学的学习成绩，喜欢打篮球的同学可能会比较在乎朋友的团队合作精神。对某些方面的过度关注很可能会导致对其他方面的忽略，特别是当某个同学有了比较明显的"特征光环"后，其他同学很可能会无意间忽略掉此同学"特征光环"之外的特点、能力、专长等，就像追星族会觉得偶像是完美的，甚至偶像的缺点也会被"解读"成优点。

- 客气委婉：大多数人可能不好意思（或者说不善于）给别人提供负面反馈。因此在大多数情况下，朋友之间或者同学之间的反馈基本都是正面的褒奖居多，而关于弱点和缺点（或需要提升的方面）的反馈可能寥寥无几，或者是以一种"负反馈"方式表达的褒奖（如图1-3所示）。

> 反馈示例1："小张要注意劳逸结合，因为他把时间和精力都倾注在学习上了。"
> 反馈示例2："小林可以为公司做出更大的贡献，因为他能协调好各方面的关系，对自己负责的每一个项目都游刃有余，总能高质量提前完成。"

图1-3 两则"负反馈"示例

一个令人沮丧的事实是：大多数人其实并不能真实地了解自己。随着年龄的增长，每个人的性格特点、兴趣爱好、综合能力和人生目标也会发生变化，这一动态变化的情况让我们每个人的自我探索与自我认知过程变得更加复杂。人的困惑与纠结也经常源于我们以为的自己和真正的自己之间的差异。我们的成长其实是一个不断了解自己，逐步发现自己内心真实热忱的过程，这一过程充斥于我们每个人的生命之旅。

小练习："我眼中的自己"和"别人眼中的我"

请尝试从以下五个方面剖析自己，并将你的剖析结果和朋友、同学给你的反馈进行对照，进而修正你对自己的认知。

- ❏ 性格特点
- ❏ 兴趣爱好
- ❏ 综合能力
- ❏ 人生目标
- ❏ 提升方向

1.2 能力分类

作为自我剖析的一个重要维度，综合能力涵盖专业技能和软技能（沟通能力、倾听能力、说服能力、自我激励能力、影响力、团队建设能力等）。每个人的成长都伴随着能力的拓宽与提升，其中能力拓宽是指获得更多方面的能力，而能力提升是指对已有能力的巩固和加深。美国的辛迪·梵（Sidney Fine）和理查德·尼尔森·鲍利斯（Richard Neilson Bolles）将能力分为三种类型：专业知识技能、通用技能和自我管理技能[1]。

1. 专业知识技能

专业知识技能比较好理解，也就是某个专业领域相关的知识和技能。专业知识技能的学习渠道最为广泛，数字化时代使得随时随地学习成为可能。我们可以通过读书、参与课堂教学、上网课、动手实践等不同的方式学习新的专业知识技能，也可以通过互联网搜索、网上社区、游戏等方式去学习。专业知识技能的传播者可能是老师、同学、现实生活中的朋友，也可能是网友或者网上的虚拟人物。

2. 通用技能

通用技能也称可迁移技能，即这种技能可以在生活的方方面面，特别是工作之外得到发展。通用技能可以在工作内外、工作之间通用。作为美国著名的心理学家和职业专家，赫伍德·斐格勒（Howard Figler）对可迁移技能进行了十类划分（见表1-1），并对这些技能在职业竞争中的作用做出高度评价[2]。

表1-1 通用技能

通用技能	表现
预算管理	表现为对现有资源的最佳运用
督导他人	表现为执行、实现能力
公共关系	表现为良好的营造氛围的能力
应对最后期限的压力	表现出强烈的攻坚能力
磋商和仲裁	表现出合理且适当的妥协和共存能力
公共演讲	表现出公共引导和宣传能力
公共评论协作	表现出公共引导和宣传能力
组织、管理、调整能力	领导和资源协调能力的综合体现
与他人面谈的技巧和能力	个体交往潜力的集中表现区域
教学和教导能力	传授方面的潜质

3. 自我管理技能

自我管理技能经常被看作个性品质，被用来描述或说明人具有的某些特征。自我管理技能可以从非工作生活领域转换到工作领域。这个品质是成功所需要的品质，是个人最有价值的资产。图1-4是一些自我管理技能的示例。

第一篇 启航准备

在上述这三类技能中，用人单位最看重哪些技能呢？大多数人可能会觉得是专业知识技能，毕竟用人单位招募员工是希望候选人入职后可以用专业知识和技能来帮助企业解决问题。可实际的情况却并非如此，美国"全国大学与雇主协会"在2002年的调查结果显示，图1-5所示的11个技能和个人品质是企业最关心的。

诚实	正直	自信	开朗	合作	耐心	细致
慎重	认真	负责	可靠	灵活	幽默	友好
真诚	热情	投入	高效	冷静	严谨	踏实
积极	主动	豪爽	勇敢	忠诚	直爽	执着
机灵	感性	善良	大度	坚强	随和	聪明
稳重	乐观	朴实	渊博	机智	活泼	敏锐
公正	宽容	勤奋	慷慨	亲切	好奇	果断
独立	谦虚	客观	有创意	有激情	有抱负	有远见
有条理	想象力丰富	善于观察	足智多谋	吃苦耐劳	坚韧不拔	多才多艺
彬彬有礼	善解人意	……				

图 1-4 自我管理技能示例

```
1. 沟通能力              7. 灵活性/适应能力
2. 积极主动性            8. 专业技术
3. 团队合作精神          9. 诚实正直
4. 领导能力             10. 工作道德
5. 学习成绩             11. 分析和解决问题的能力
6. 人际交往能力
```

图 1-5 用人单位最为重视的技能和个人品质

在图1-5中，第1、4、6、7、11项是通用技能，第2、3、9、10项是自我管理技能，只有第5项和第8项是专业知识技能。从这个调查中我们可以看到，企业更重视通用技能和自我管理技能。虽然这个调查距离

· 8 ·

现在有一定的时间，但时至今日仍有很强的借鉴意义。自我管理技能相当于一个人的基础设施和素质底座，通用技能是贯穿于工作和生活中的常用技能，这两项技能如果坚实，专业知识技能的补充和提升相对来说会容易很多。

无独有偶，国内最近的一项调查研究[3]也发现：用人单位更强调责任心和合作、持续学习和创新能力、解决问题的能力。相关学者调查了全国 3 万多名"90 后""95 后"高校毕业生，发现他们专业知识运用能力不错，但最为不足的是责任心以及解决问题、适应变通、操作实践、自主学习、团队合作、沟通协调这些通用能力。调查还发现，工作职位越高，对于个人品质和通用能力的要求也越高；对于高层管理者，对批判性分析、创新创造能力的要求更高。对于近年来毕业生心仪的国家机关、事业单位这类岗位，更加强调理解与宽容、奉献精神这样的个人品质以及通用知识和专业知识的运用能力[4]。其实早在十几年前，有研究者就已经发现：在个人品质、学习技能和专业技能三方面，"社会认可的"和"毕业生具备的"明显错位。用人单位看重"诚实、责任感和进取心"，毕业生彰显"热情、积极和灵活"；用人单位看重创新意识、持续学习的能力，毕业生最具有优势的是综合、分析能力；用人单位看重理论联系实际、解决专业问题的能力，而毕业生掌握的是专业问题、专业意识和外语语言技能[5]。

很多 IT 公司的技术岗位在招聘应届毕业生时，也比较看重学生的通用技能和自我管理技能，这决定了应届毕业生进入公司后对项目相关知识的学习速度及未来发展的潜力。在专业知识技能方面，公司主要看学生的学习成绩和对专业基础知识及技能的掌握程度。如果公司特别看重项目所需专业技能及相关项目经验，社会招聘应该是更加合适的渠道。当然，即使是在社会招聘中决定是否聘用一名候选人，通用技能和自我管理技能也是重要的考虑因素！

2001 年我在英特尔建立英特尔中国软件中心的编译器团队时，由于人才市场上很难找到具有编译器研发经验的候选人，我们也对招聘策略进行了一定的变通。专业能力上，我们只要求候选人是知名高校计算机相关专业毕业并具有良好的编程能力以及对计算机系统的理解。但在通用技能和自我管理技能方面，我们看重的是候选人的人品、对系统软件的兴趣与热忱、自我成长的意愿、自学能力、沟通能力与团队合作精神。英特尔中国软件中心的编译器团队人员最多时有 100 多人，其中在加入团队之前做过编译器相关研发工作的不到 5%，然而却成为当时英特尔中国最具战斗力与凝聚力的研发团队之一。当时招聘的一些应届毕业生现在仍然还在英特尔工作，成为英特尔的技术领军人物。

1.3 自我探索与职业规划的关联

自我探索的目标是了解自己，而了解自己是进行职业规划的基础和前提。如果不明确自己适合什么职业、不了解自己喜欢做什么、不知道自己能够做什么，也不清楚自己想要从工作中获得什么，那将很难做出合理的职业规划。1.1 节所介绍的有关自我剖析的那几个方面（性格特点、兴趣爱好、综合能力、人生目标和提升方向）正是获得自我了解的有效手段。

了解自己的性格特点是性格探索的过程，而不同性格的人适合从事的职业也有所不同（比如说财务工作一般需要严谨、细心的候选人，市场销售工作通常需要外向型候选人），性格探索的过程能够帮助我们进一步了解自己适合做哪一类工作。一个成年人的性格特点虽然会随生活经历和所处环境发生一些变化，但相对来说比较稳定。

了解自己的兴趣爱好是兴趣探索的过程。知道自己做什么事情最开心，能够享受快乐，能够全神贯注以至于忘记时间的流逝，这种进入心流

第 1 章 自我探索

状态的感觉只有自己才能真真切切地体会到。只有探索出自己喜欢做什么并把这个因素跟职业规划相结合，我们才更有可能拥有工作和生活的幸福感。当然，每个人都有很强的可塑性，对一个专业、一件事情、一样东西的兴趣很可能会随着时间投入及学习或工作的深入而逐渐浓厚。

了解自己的综合能力是能力探索的过程，这一过程能帮助我们了解自己各方面的能力水平以及自己能够做什么。跟性格特点与兴趣爱好相比，综合能力是变数最大的。理论上只要持续投入时间去学习与实践，一个人的综合能力是可以不断被拓宽与提升的。

明确自己的人生目标是价值观探索的过程，这一过程能够帮助我们明确自己希望从工作中获得什么，是薪水、社会地位、名誉、成就感、存在感，或是其他什么。人生目标可以是长期目标，也可以包括短期目标和中期目标。这些目标会影响我们的职业规划，也会影响到若干年以后我们终将成为什么样的人。

图 1-6 总结了自我探索与职业规划的关联。

图 1-6　自我探索与职业规划的关联

而确定提升方向（最希望自己在哪些方面有大幅度提升）是提升探索的过程，即确定努力和成长的方向，从而实现自我提升。根据自己的人生目标，分析达成人生目标所需要的技能，再结合自己的现状，找到差距，自己的成长提升点就显而易见了。

如前所述，每个人的自我探索是一个持续的并随时间动态变化的过程。在任何一个时间点，每个人都可以进行思考和探索。由于每个人的情况不同，因此探索的结果也大概率不同。我们需要记住的是：自我探索的任何结果都没有对错之分，根据自己的情况理性客观地探索出来的结果都是合理的。

小练习：能力探索

请读者结合自己的职业目标，分析自己在以下三类能力中各项能力的优势和短板：

❑ 专业知识技能
❑ 通用技能
❑ 自我管理技能

1.4 橱窗分析法

橱窗分析法（Window Analysis）[⊖]是自我探索分析的一种常用方法，见图1-7。这种方法以关于自己（"我"）的准确信息（性格特点、兴趣爱好、综合能力、人生目标、提升方向等）为分析对象，横轴左侧表示别人不知道的"我"，横轴右侧表示别人知道的"我"，纵轴下方表示自己不知道的"我"，纵轴上方表示自己知道的"我"。

这个2×2的组合构成四个象限区域（看起来像一个橱窗，橱窗分析法因此得名）：第一象限关于"我"的信息是别人和自己都知道的，我们称

⊖ 橱窗分析法，参见 https://baike.baidu.com/item/%E6%A9%B1%E7%AA%97%E5%88%86%E6%9E%90%E6%B3%95/4937873。

第1章 自我探索

之为"公开我";第二象限关于"我"的信息是自己知道但别人不知道的,我们称之为"隐私我";第三象限关于"我"的信息是别人和自己都不知道的,我们称之为"潜在我";第四象限关于"我"的信息是别人知道但自己不知道的,我们称之"背脊我"。

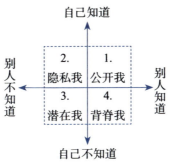

图 1-7 橱窗分析法图示

这四个象限区域中,哪个象限区域是我们进行自我探索的重点呢?很明显,"公开我"和"隐私我"都是自己知道的有关自己的信息,不需要继续探索。"背脊我"这个象限区域的信息虽然我们自己不知道,但是别人知道,所以我们可以诚恳地向别人征求真实反馈,虚心听取意见,特别是从自己熟悉和信任的人那里获得反馈并真诚交流,从而把"背脊我"变成"公开我"。由于"潜在我"这个象限区域的信息是别人和自己都不知道的,因此这个"潜在我"显然应该成为我们自我探索的重点,并期待通过自我探索把"潜在我"中的信息更多地渗透到"隐私我"甚至"公开我"。

"潜在我"是影响一个人未来发展的重要因素,因为每个人都有巨大的潜能(科学家研究发现,人类平常只发挥了大脑功能的极小部分),认识与了解"潜在我",是自我探索的重要内容之一。我们可以通过各项人才测评来发现自己平时注意不到的潜力,也可以在学习和生活过程中,多做尝试与探索来挖掘自己的潜力。总的来说，持续的成长需要我们不断进行自我探索，积极参与各类活动，激发自己的潜能，并通过思考、实践与复盘的循环迭代日益成长为更好的自己。

关于"背脊我"和"潜在我"的探索，我在这里分享一个自己的小故事。在刚入大学不久的一次主题班会上，辅导员让我站在讲台上当着全年级一百多位同学的面发言。虽然事先准备好了发言稿，但当我站在讲台上时，却异常紧张，非常担心讲不好，声音也小到大概只有坐在前面的同学才能听得见，心里只希望快点结束自己的发言。事后有几个要好的同学跟我打趣道："平时你挺活跃的，喜欢跟大伙儿分享，说话声音也很大，怎么今天在讲台上却像是变成另外一个人了呢？"我那时还跟同学争辩："哪有啊，我一直就是一个比较内向的人！"出于对这个"不一致的自己"的好奇，我开始关注自己在不同场合沟通和演讲方面的表现，也有意识地去在不同的场合锻炼自己，更加积极地提问、讨论与分享，我发现自己还是可以在不同的场合表现自如的。参加工作以后我也更加注重沟通和演讲能力的提升，参加了很多相关的培训，现在还成为一名开放式沟通与分享的倡导者。

小练习：请读者应用本节所介绍的橱窗分析法完成一次自我探索。

1.5 人生的 EUI 模型

我们每个人的成长可以用一个模型来概括，这个模型就是 EUI 模型。EUI 是 Explore（自我探索）、Understand（自我认知）、Improve（自我提升）三个单词的首字母，分别表示人成长过程中的三个重要阶段。这三个阶段互相关联，一起构成人生的成长闭环（见图 1-8）。

第1章 自我探索

通过持续的自我探索，我们可以在性格特点、兴趣爱好、综合能力、人生目标、提升方向等各个方面获得对自己更加准确的自我认知，然后依据自我认知找到提升目标、制定自我提升方案并采取行动去实现自我提升。实现一个自我提升的迭代之后又从一个更高的起点开始新一轮的EUI循环，如此不断重复并螺旋上升，从而实现持续的自我成长。而自我探索的主要目的就是让自己获得更大的成长，从而提高个人成功的概率。

图1-8　人生的EUI模型

如果从数据科学的角度再来分析人生的EUI模型，Explore（自我探索）通过不断的自我探索获得各种感受和体验，这相当于数据收集的过程；Understand（自我认知）是一个数据分析的过程，在这个过程中对自己的感受和体验进行整理、分析和思考，进而确定未来的努力方向与行动计划；Improve（自我提升）则是采取具体的努力和行动以实施行动计划并实现自我提升，这个过程的本质就是优化提升。图1-9从数据科学的角度解读了人生的EUI模型。

图1-9　从数据科学的角度解读人生的EUI模型

我认识一位朋友，研究生毕业后进了一家汽车零部件制造公司，经过3年的时间从一名应届毕业生成长为对汽车底盘控制非常了解的工程师。后来他加入一家自动驾驶公司，觉得自己在软件方面有所欠缺，于是自学各种编程语言及计算机软件栈并把自学的软件知识和技能积极运用到项目中，成为一名自动驾驶的规划控制专家。再后来他又发现自己对人工智能领域缺乏深入了解，于是又自学图像处理、计算机视觉及神经网络方面的知识，最后成长为一名对自动驾驶的感知、规划和控制都拥有深入了解的自动驾驶专家。他在领域知识、能力和经验方面的成长，正是EUI模型不断迭代的典型结果。

1.6 本章小结

每个人的成长都应该从认识自己开始，而自我探索是获得更加准确的自我认知的一种有效手段。本章阐述了进行自我探索的必要性及维度，对能力分类也做了简单介绍，以便我们在自我探索时对自己的能力成长方向有更加清晰的认识。自我探索与我们的职业规划紧密关联，我们可以用橱窗分析法进行自我探索，并遵循人生的EUI模型在持续自我探索的过程中实现自己的持续成长。

思考题

请读者结合本章所介绍的自我探索相关内容，分析一下自己最适合的职业有哪些，并阐述理由。

第 2 章

成功与成长

在第 1 章中我们提到自我探索的目的，就是获得更大的成长，从而提高个人成功的概率。那么什么是成功，什么是成长呢？我们应该如何定义成功，如何看待成长之路的多样性，又该如何面对成长之路上的困难和挫折呢？这一章我们一起来对这些问题进行阐述和探讨。

2.1 什么是成功

首先，让我们来做个小练习。

小练习：什么是成功？

请你写下自己对成功的理解，描述什么是成功以及想象中获得成功之后的成就感与自豪感（写得越具体越好）。

我们很有可能会看到如下对成功的描述（见图 2-1）。

通过这个练习我们会发现不同人心目中的成功可能差别很大。有人觉得成为一个著名的企业家是成功，有人把成为一名对学术界有重要影响力的科研人员当作成功的标志，有人觉得有房有车、积蓄上千万是成功，有人觉得身体健康、拥有一个幸福美满的家庭就是成功……

- 对我来说，成功就是毕业后找到一份自己喜欢的工作，家庭幸福，家人身体健康；我喜欢人工智能，以后在大厂做个研发工程师就挺不错。
- 本科毕业后能继续读研究生，并最终拿到博士学位，然后找个大学当老师；我喜欢在大学里面做研究和教书育人的感觉，那样会很有意义。
- 如果以后能研发出一款用户非常喜欢的产品，那我就觉得非常成功了。
- 我希望以后拥有自己的公司，并且公司能进入世界 500 强；成为商业领导者的感觉很棒。
- 我的目标就是找到一位疼爱我的成功男士，做个家庭主妇，生一儿一女，拥有一个温馨和睦的家庭。
- 我喜欢旅游，我希望在有生之年有机会游遍世界上的知名景点，体会不同地方的风土人情，尝遍天下美食。
- 我的成功目标是年薪百万以上，存款 8 位数，在魔都中环内有一套自己的大房子。

图 2-1 一些对"成功"的描述示例

上面这个小练习让我们初步了解到不同的人对成功有着不同的理解。如果把迈向成功作为人生目标的话，那也意味着不同人的人生目标是不一样的。图 2-2 列出了与成功相关的一些事实，这些事实能帮助我们更加客观地理解成功。

- 成功没有统一的标准。
  - 不同的人对成功有不同的理解。
  - 同一个人在人生的不同阶段对成功的理解也很可能不一样。
  - 成功跟幸福一样，是一种感觉。
- 成功是可以通过努力去逐步逼近的。
- 可持续的成功需要持续的努力。
- 不成功不等于失败。
- 我的成功我做主。

图 2-2 与成功相关的一些事实

1. 成功没有统一的标准

按照马斯洛的需求层次理论，人类需求像阶梯一样从低到高按层次分为五种，分别是生理需求、安全需求、爱与归属、尊重需求和自我实现。人在满足了基本的需求之后，就要去实现更高的需求和目标。然而对于位于马斯洛需求层次模型○（见图2-3）中不同层次的人，虽然他们都有追求更高层次的目标，但他们对成功的定义往往不一样。

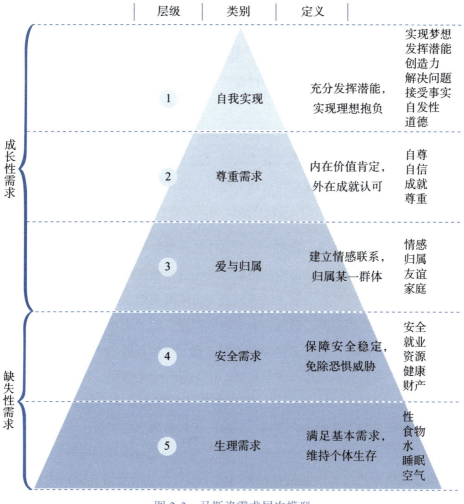

图2-3　马斯洛需求层次模型

○　马斯洛需求层次理论，参见 https://zhuanlan.zhihu.com/p/41176561。

很多时候，成功是指在预估的时间点达成了预期制定的目标。从这个角度很容易解释为什么不同的人对成功有不同的理解，毕竟不同的人对同一件事情的预期目标很可能不一样。记得读大学时，我有一位同学在英语四级成绩公布后一直闷闷不乐，后来问她的室友才知道，她不开心的原因是没有考到满分（那时英语四级是百分制的，她考了 99 分）。对于绝大多数同学来说英语四级能考到 99 分是一个非常好的成绩了，但那位同学的预期是满分，所以她考了 99 分也没有成功的喜悦。

按照马斯洛需求层次模型，其实我们也不难理解：同一个人在人生的不同阶段对成功的定义也可能不同。比如说在高中阶段，大多数同学心目中的成功是考上理想的大学；在大学阶段，同学们一般会把能够顺利读研或者找到一份满意的工作作为成功的标志；工作以后，很多人又会把升职加薪或者拥有自己的企业看作成功的标志，一些热衷于技术的工程师通常又会把开发出拥有大量用户且口碑极佳的产品看作自己的成功。

以前在企业工作时，我和一位下属沟通年终绩效考评结果，当我告诉他过去一年表现优异，恭喜他获得职级升迁时，他却问我是否可以只接受涨薪而不接受职级升迁。我当时非常好奇，问其原因，原来是他知道升一个级别意味着公司和部门对他会有更高的期望，而他更希望经过过去几年的努力后自己能够从此在工作和生活中获得一个比较好的平衡。在他当前这个级别，他觉得自己可以做得很好，但如果升一个级别，他担心需要倾注更多的时间和精力在工作上，从而影响生活质量。我只能坦诚地告诉他，每个职级的工资有一个区间，当他的工资涨到当前职级工资区间的上限后，如果不升职级就无法涨薪了。而且万一公司组织变动需要裁员，一直待在某个职级很长时间没有晋升的员工很可能就会变成被裁员的目标。他有选择是否升职的自由，但同时也需要理解不同的选择意味着不同的取舍。

第 2 章　成功与成长

上面这个例子同时也告诉我们：成功跟幸福一样，是一种感觉，是一种不同个体所拥有的属于自己的独特的感受。我们每个人可以按照自己的标准去定义属于自己的成功，同时享受迈向成功过程中我们自己获得的成长，以及获得成功后的喜悦。

2. 成功是可以通过努力去逐步逼近的

对于同一个预期制定的成功目标，达成目标的途径通常不止一条。我们每个人需要根据自己的情况，选择一条适合自己的目标达成之路。选择不同的道路，目标达成的概率可能会不一样，个人成长的速度和幅度也可能会不一样。不同的选择没有好坏之分，只是折中点（trade off）不一样，而不同的折中点意味着不同的取舍与偏好。不管选择如何，朝着最好的方向去努力，但同时也做好承担最坏结果的准备。毕竟在通往成功的道路上，我们期待的鲜花和掌声一般只出现在最后，甚至一直都不会出现。在整个漫长的奋斗之路上，我们需要面临无数的枯燥、重复、平凡和艰辛，是否能够最终抵达终点，不但需要拥有实力和毅力，有时还需有一定的运气成分。但不管如何，朝着目标前行的持续努力可以不断缩短我们和目标的距离。

3. 可持续的成功需要持续的努力

在通向成功的所有可能路径中，我们应该追求的是可持续的成功，而不是走捷径的昙花一现的短暂成功。从某种意义上说，那些走捷径的成功或者通过不正当手段取得的成功不能算是真正的成功，因为那样的成功很难长久维持。比如，如果一名程序员老是从网上复制别人的代码而不深入理解吸收，一开始解决简单的问题可能会很"高效"，但碰到无法从网上找到合适的解决方法的难题时可能就会一筹莫展，更不用说由于复制第三方源代码而给公司带来侵犯知识产权的潜在风险了。

所以说，真正可持续的成功通常也是坚守诚信的结果。当我们说一个人坚守诚信，是指这个人诚实可信，表里如一，遵守高标准的道德行为准则，一直以诚信的价值观严格要求自己。看一个人是否具有诚信这一品质，只要看其通过言行表现出来的诚信品质是否不随时间、地点、环境的变化而变化。不管有没有旁人在场，行为都能保持高度一致。

4. 不成功不等于失败

如前所述，在通往成功的道路上，我们期待的鲜花和掌声一般只出现在最后，甚至一直都不会出现。虽然成功不一定百分之百能实现，但通过努力，我们总是可以不断逼近目标。即使最终由于某些客观原因不能获得自己期待的成功，至少我们收获了宝贵的成长经验以及为达成目标拼搏的历程，而这些收获对于日后的工作与生活都是弥足珍贵的，也为下一次出发奠定了更坚实的基础。这也是在投资圈内很多投资者比较青睐持续创业者的原因，即使这个持续创业者以前的创业没有获得成功，其创业经验也通常会被投资者认为是宝贵的经验。

5. 我的成功我做主

关于成功，从另外一个角度来说，它至少有三类标准：自己的标准、他人的标准以及群体的标准。他人的标准和群体的标准在一定程度上会带给我们一些压力，并会对我们自己的成功标准产生影响，但总的来说按照自己的成功标准去努力会比较合理，毕竟我们自己才能真正对自己负责，并且获得成功之后的成就感与自豪感也只有我们自己才能真正体会。

总之，我们每个人都可以去定义自己的成功，也应该根据自己的实际情况在弄清楚不同选择的折中点后选择适合自己的通往成功之路，然后努力朝着选定的道路砥砺前行，向我们期望的目标逐步靠近。清楚地了解自己想要什么以及应该舍弃什么是个人成长过程中需要培养的一个非常重要的能力，这个能力也可以让我们在迈向成功的道路上走得更加稳健。

小练习：读完本节内容，你对成功是否有新的理解？请修订你在前面的练习中描述的成功。

2.2 什么是成长

我们的成长从呱呱坠地前就开始了！从受精卵发育成胎儿，再到婴儿，直至分娩，这是一个生命最初的成长过程。从幼儿阶段到儿童、少年、青年直至中年、老年，我们在生命中的每一个阶段都在经历不同程度的成长。

对于人生中的每一个阶段，如果我们把自己进入这一阶段之前的知识、技能、健康状况等做一个快照（也称入口状态），然后再对这一阶段结束之后的知识、技能、健康状况等做一个快照（也称出口状态），则这两个快照之间的差异（即出口状态和入口状态之间的差异）就是我们在这个阶段中获得的成长。我们可以发现，人的成长其实就是一个不断优化的过程（见图2-4）。如果我们把人生的每一个阶段不断细分，细分到每一年、每个月、每一天，如果每一个小段的出口状态与入口状态相比都有提升，那假以时日我们成长的幅度就会非常明显。

图 2-4 人生——持续的自我探索和成长

每个人的成长都伴随着自己的知识、技能、健康状况等状态的提升。

第一篇　启航准备

我们的人生其实就是一个持续的探索和成长的过程，这个过程从另外一个角度说也是我们逐步构建自己的核心竞争力的过程。那什么是核心竞争力呢？一个人的核心竞争力就是这个人具有而别人不具有的能力，或者说别人虽然具有类似的能力，但这个人的能力更强并且别人无法简单超越。简单概括一下，核心竞争力就是指那些"人无我有，人有我强"的能力和素养。我们可以通过下面这个故事来更形象地理解一下什么是核心竞争力。

一个年轻人，觉得自己怀才不遇，在单位里没有受到足够的重视。他在沙滩上散步时碰到一位陌生的长者，于是便向这位长者倾诉自己内心的郁闷。这位长者听了他的遭遇后，随即把一粒沙子扔在沙滩上，说："请把它找回来。""这怎么可能！"年轻人说道。接着老人又把一颗珍珠扔到沙滩上，说："那现在呢？"

从这个故事我们可以看出：如果我们只是沙滩上的一粒沙，与沙滩上其他的沙子没有任何区别，那我们不可能苛求别人注意到我们，更不可能轻易获得别人的认可。如果要别人认可我们，那我们就得想办法先把自己变成一颗闪光的珍珠。

为了实现持续成长，我们需要尽量围绕自己的优点和专长去构建自己的核心竞争力。而深入了解自己的优点和专长，需要用到第 1 章讲到的自我探索方法。基于自我探索的结果，我们每个人在确定自己该构建何种核心竞争力后，需要制订一个合理的核心竞争力构建计划并按计划去实现核心竞争力的构建。在整个核心竞争力构建的成长过程中，我们需要保持不断进步和持续学习的态势，需要拥有不断超越、成为更好的自己的心态。当然，一个人在成长的过程中，可能会在某个阶段由于不准确的自我认知而去构建在那个阶段自以为的某个核心竞争力，只要在不断的成长过程中通过持续的自我探索拥有更加准确的自我认知后，能调整相应的核心竞争

第 2 章　成功与成长

力构建目标即可。

在英特尔，公司对从事研发工作的员工提供技术和管理两条职业发展路线，一般管理者都会根据员工的职业发展意愿提供相应的辅导及协助以帮助员工达成职业发展目标。以前我在英特尔工作时，团队里面有一位优秀的工程师，我根据自己对他的了解想当然地认为他适合走技术发展路线。然而有一天，他找我一对一面谈时，提出想走管理发展路线。虽然我跟他分享从他的性格和能力上看可能技术发展路线更适合他，但他还是坚持自己的想法。于是我们便安排他参加了相关的管理培训，经过一段时间的辅导后请他去负责一个研发团队的管理工作。一年以后他主动找我，有点尴尬地告诉我他花了很多时间去学习和实践，努力成为一名优秀的管理者，虽然团队的交付情况还可以，但他发现自己其实并不快乐，也没有多大的自豪感。相比于花时间去激励士气、协调任务分配、跟踪项目进度、处理团队成员之间的矛盾等，他发现自己在解决具体的技术难题及跟同事讨论技术细节时心中才拥有那份久违的专注与踏实。他询问是否还有机会再回到技术发展路线上，毕竟做经理的这段经历真实地告诉他可能他更加适合走技术发展路线。确认了他内心真实的想法后，我们找机会请他把管理上的职责进行了交接，让他能心无旁贷地走技术发展路线。最终他果然成为一名资深技术专家，也拥有了真正的核心竞争力。

从某种角度上说，自身持续的成长并在成长过程中培养出自己的核心竞争力就是我们最大的成功，它不但引领我们成为更好的自己，同时也在不断缩短我们和所追逐目标的距离。

小练习：说一说你对核心竞争力的理解，分析一下你自己的核心竞争力是什么。

2.3 成长之路的多样性

我们每个人都是一个鲜活的个体，拥有不同的性格特征、兴趣爱好、优缺点等，这也注定了我们每个人的成长之路可能差别很大。

2006年有一部很火的电视连续剧叫《士兵突击》。在剧中，由王宝强主演的许三多和由陈思诚主演的成才是老乡，他们一起参军，都从一名普通的士兵最终成长为兵王，然而他们俩在军营中的成长轨迹却大相径庭。

许三多木讷、笨拙、憨厚，甚至成为钢七连的笑话，然而一旦确立目标（不拖一排三班的后腿，以便有可能留住史今班长），他便以自己的坚持与执着经历了涅槃重生，一步一个脚印最终成长为兵王。成才机灵、独立、自信、张扬，一进入部队便在新兵中脱颖而出、快速成长，然而他的圆滑与精明却曾一度让他进入了人生的低谷。经历挫折的成才开始平静、思考、珍惜与知足，终于找回了他自己的枝枝蔓蔓，并最终成长为兵王。

许三多和成才的成长代表士兵的成长。《士兵突击》的精彩在于剧中的军官在见证士兵成长的同时，也实现了他们自身的成长。不管是草原五班的老班长、钢七连的连长高城，还是老A的袁朗，他们在剧中都经历了自己的成长突破，成为更加真实完美的铁血军人。

对于做研发的工程师来说，在大多数公司一般都有技术发展道路及管理发展道路两条职业发展路线。这两条职业发展道路没有好坏之分，在职级和薪酬上也有很明确的对应关系，公司设置技术和管理职业发展的双通道也是希望不管是技术人才还是管理人才都能在公司内部有好的发展前景。有些工程师非常喜欢技术，立志成为某一个技术领域的专家；也有些工程师觉得自己在沟通、协调、管理及领导力等各方面有明显的优势，便决定从技术岗逐步转向管理岗。我们发现有不少工程师很有钻研精神，善

第 2 章 成功与成长

于解决技术难题，内心对管理及服务他人没有特别的热忱，从个人发展路线上其实更加适合走技术发展道路。然而他们可能受亲戚朋友的影响，觉得在公司内成为管理者才算是获得更大的成功，才能有更好的发展空间，于是强迫自己走上管理发展道路。虽然极少数的人最终也成为成功的管理者，但更多的人在尝试了管理工作之后还是发现自己内心的热忱在技术研发上，并最终回到技术岗成为各自领域的技术专家。上一小节中所讲述的那位英特尔工程师在从事了一年时间的管理工作后毅然决定走技术发展路线并最终成长为资深技术专家的故事便是一个活生生的印证。

我印象很深的还有另外一位英特尔的同事。这位同事虽然技术能力在研发团队里不是特别突出，但专业基础扎实，做事严谨细致，团队协作能力及沟通能力都非常强。那时我们大部门需要成立一个软件质量保证（Quality Assurance，QA）团队，这位同事清晰地分析了自己的优缺点，觉得自己非常适合去做 QA，于是申请内部转岗。她从 QA 工程师做起，积极参与测试框架搭建、复杂测试用例设计／开发、质量体系建设，很快便成了 QA 团队的核心员工，然后成为 QA 团队的经理，最后成为英特尔的一名高管。

人生的精彩正是因为不同的个体可以选择适合自己的道路去实现自己的成长。别人的成长经验可以借鉴，但不能简单复制。我们需要在自我探索的基础上，找到适合自己的成长之路。不管是在确立人生目标，还是在选择达成目标的道路时，我们都需要遵从自己的内心。

2.4 如何面对成长之路上的困难和挫折

成长的道路不可能一帆风顺，难免会遇到困难和挫折。面临挫折时，我们可以根据实际情况灵活采取如下的应对方法：

- ❏ **执着坚持**：成长过程中的困难和挫折就犹如长跑中的极点。极点出现后，凭着个人的意志和毅力再继续坚持运动，随着机能的调节以及内脏器官机能的改善，氧供应增加，乳酸的清除加快，植物性神经中枢的惰性得到克服，极点出现的现象及症状就会逐渐消失，生理过程将出现新的平衡。面临成长过程中的困难和挫折时也需要类似的坚持，轻易放弃将会使自己离目标渐行渐远。比如说想要成为一名科研人员，就必须要学会学术论文撰写，然而第一次撰写论文就能够被心仪的期刊或者会议选中的概率其实并不高，大多数科研人员的论文写作水平都是在不断的投稿、退稿、修改、再投稿的循环中得以逐步提升的。

- ❏ **以退为进**：执着坚持并不意味着盲目坚持一条道路走到黑。在不断探索尝试的过程中，如果问题还是得不到很好的解决，可以暂时休整一下，厘清头绪，然后再次出发，以更平和的心态与更良好的精神状态，尝试用多种不同的方法去解决问题。有的时候，适度的后退及回溯还可能让我们发现通往目标的其他途径，而无须困扰于如何克服眼前面临的困难。如图 2-5 所示，在位置 A 时如果能退到位置 B，那便有可能发现通往 D 出口的路径；如果不回退到位置 B 的话，其他路都是死路。

- ❏ **认真总结**：不管是成功还是失败，也不管是顺境还是逆境，成长过程中的每一段经历都值得我们认真总结。面临困境时的反思、归纳和总结可以帮助我们更加深切地理解：1）为什么曾经的尝试不能解决问题？2）哪些细节或者因素被自己忽略了？3）解决问题的关键点在哪里？4）再次出发时应该采取什么策略和战术？5）是否需要后退和复位？毫无疑问，这样的总结有助于帮助我们更好地克服困境中的挫折。还是以上面所说的论文被拒为例，每一次对论文的修改都需要确保至今为止收到的所有评阅人的意见都被有效地处理，同时确认论文所解决问题的重要性，确保解决方法的合理性、有效性及创新性，反复验证实验数据的科学性、正确性与可解释性等，只有经过这样的认真总结与修改，才能提高论文被接收的可能性。

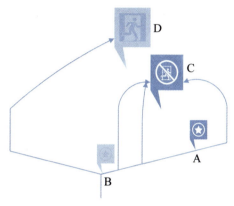

图 2-5　以退为进图解

- 虚心求教：我们每个人都有自己的长处和短板，碰到困难而百思不得其解时可以通过各种渠道去寻求帮助。除了在图书馆或者互联网上查阅资料外，另外一个常见方法就是向懂行的人虚心求教。懂行的人可能是自己的老师、同学、朋友或者熟人介绍的专家。因为懂行的人长期深耕于其所擅长的领域，所以他们往往具有深邃的洞见。向懂行的人虚心求教是解决问题并加速我们成长的一条有效途径。记得我刚开始做管理的那一阵子，感觉每天总是忙于处理团队或者项目中的一些琐事，根本没有时间去思考团队的发展战略以及技术愿景。当我向领导王文汉博士倾诉我的困惑与烦恼时，文汉跟我分享了"无为而治"⊖的最高管理境界，而到达"无为而治"境界

⊖ 这里"无为而治"指不管团队的管理者在或不在，团队都能正常运转，按时及高质量地完成任务。

的前提则是给员工授权，充分发挥员工的优点与主观能动性。团队到达"无为而治"境界后，团队的管理者自然就有时间做更多更具战略性的事情了。文汉醍醐灌顶的分享成为我整个职业生涯中在团队管理方面所奉行的无上宝典。

- 分清主次：面临错综复杂的问题时，我们需要静下心来仔细梳理，弄清楚导致问题发生的主要原因和次要原因，然后根据问题优先级以及相关顺序系统性地去解决。在解决一个问题的过程中，我们不要被其他无关的问题扰乱了视听，从而干扰或中断了主要问题的解决。分清主次这个方法在软件优化中用得非常普遍。当一个软件有性能问题时，一般都是先通过测量和分析找到程序热点，然后聚焦在程序热点的优化上，并验证优化后的软件是否达到性能优化目标。如果性能优化目标还没有达成，则进行下一轮的程序热点识别与优化。这种方法的好处是在每一次的优化迭代中，都聚焦在当前的程序热点上，可以做到有的放矢。

- 自我剖析：自我剖析是指通过对自己成长过程的反思和总结，发现自己哪些方面做得好，哪些方面做得有所欠缺，从而发掘自己在知识、技能等各个方面的优点和短板。自我剖析以对人（自己）的反思和总结为主，而前面讲的"认真总结"偏重于对事情的总结与反思。自我剖析可以是"事件驱动"的，即在经历完一件重要事件后进行自我剖析；也可以是"时间驱动"的，即定期进行自我剖析，比如说在每学期结束后或者每个岁末进行一次深度的自我剖析。定期的自我剖析对一个人的成长起着至关重要的作用，有助于形成对自己行之有效的未来成长计划。

- 调整目标：遇到困难和挫折时，我们需要分析导致困难与挫折的原因是不是客观原因（比如商业环境的变化、政策的变动、某些意料之外事件的发生、预设条件没有被满足等），以及是否有合适的措施来应对这些困难。在某些情况下，我们可能需要对原先制定的目标重新进行审视，通过调整目标衡量指标、对目标重新进行子目标分解，或者调整子目标的优先顺序来实现目标调整。当然，既定的目标不能随意调整，每一次的调整需要有客观合理的解释，在适应环境动态变化的同时不降低对目标完成者主观能动性的要求。不管是工作上的目标，还是我们个人的成长目标，都难免不了需要经历目标调整的过程。比如很多单位在一个季度过去一半时，会对季度初期制定的季度目标进行审核并视情况酌情调整。

❑ **坦然面对**：正如在 2.1 节中所说的，我们需要朝着最好的方向去努力，但也要做好承担最坏结果的准备。如果我们努力过了、尽力了，即使最终的结果不甚理想，我们也要学会坦然面对、接受现实，同时在自我剖析的基础上确立自己的努力方向与提升目标，进而用行动去促成自己的成长。在我们身边其实有不少经历过高考失利的同学，他们虽然没有考入理想的大学，但他们并没有因此而自暴自弃，反而更加珍惜学习的机会并合理规划自己未来的人生。通过自身的努力，他们中很多人最终进入理想的大学继续读研究生，或者大学毕业后找到了一份理想的工作。

2.5 本章小结

不同的人对成功有不同的理解，成功的标准也不尽相同。本章介绍了与成功相关的一些事实，并把一个人的成功与其成长及自身核心竞争力的构建相关联，进而指出我们自身持续的成长并在成长过程中培养出自己的核心竞争力就是我们最大的成功，核心竞争力不但引领我们成为更好的自己，同时也在不断缩短我们和所追逐目标的距离。

在成长的道路上，我们需要遵从自己的内心，在持续的自我探索过程中确定自己的成长目标，选择适合自己的成长道路，并在成长的道路上直面各种困难和挫折，进而构建自己的核心竞争力。

思考题

请读者结合自己的实际情况思考以下问题。当前情况下自己心目中最渴望的成功具体是什么？从小到大自己心目中的成功经历过哪些变化？此刻的自己所渴望的成长又体现在哪些方面？

第 3 章

以 终 为 始

达成不同的成长目标需要我们选择不同的成长道路。这就像是耕种一块田地,如果我们希望收获水稻,那就必须按照整地、育苗、插秧、除草除虫、施肥、管排水的水稻种植流程,这样在稻穗垂下、金黄饱满时我们就可以收割水稻。如果我们选择了大豆种子并且按照大豆的种植方法来翻耕播种,那最后我们只能收获大豆。古语"种瓜得瓜、种豆得豆"说的就是类似的道理。

有关自我成长,我们首先需要明确的就是自己的成长目标,然后按照成长目标去计划和行动,这也是"以终为始"的含义。

3.1 折中

折中(trade off)是对方案、建议、意见等可能拥有的各个选择所蕴含的优缺点的充分理解,即明确各个选择分别有哪些好处又有哪些不好的地方,可能会获得什么的同时也可能会失去什么。基于对折中的全面理解,我们比较容易做出一个相对合理的决定。对于自我成长来说,不管是成长目标的确定、每个成长目标实现路径的选择,还是目标实现路径上每

第一篇 启航准备

一个关键点的抉择，都离不开折中。

在计算机程序设计中，我们在很多时候都需要考虑运行时间和存储空间的折中。有些算法为了追求程序的运行速度（缩短程序的运行时间），会用专门的数据结构把一些预先算好的数据先存起来，这样算法运行过程中就可以直接用这些数据而不需要再去计算，从而提升程序的运行速度。而递归算法的程序代码一般非常简洁，但跟完成同样功能的非递归算法相比，运行时由于存在频繁的递归函数调用，因此会导致运行时间变长。

从投资回报（Return On Investment，ROI）的角度上说，任何一个选择都有优点和缺点，都伴随着获得（get）和付出（give）。也就是说，决策者需要清晰地知道一旦做出决定，会获得什么以及需要付出（或者舍弃）什么。在做决定的那个时刻，对折中的清晰理解可以让决策者在这种错综复杂的权衡中做出符合决策者取舍原则的决定。

不同的人取舍的原则很可能不一样，这也是面对同样的状况时不同人选择的折中点有可能不一致的根本原因。比如说几个同学聚在一起刚开始做作业，突然另外一个同学来叫大家去打篮球，可能有的同学会立即呼应，放下手中的作业就奔向篮球场，有些同学可能会在完成作业后再去打篮球，而有些同学可能会明确告诉那位来叫大家去打篮球的同学今天不想去打篮球。不同的选择没有对错之分，但的确意味着不同的取舍。

在南美洲有一种奇特的动物——蜘蛛猴，要捕捉它们非常容易，你只要在一个玻璃瓶里放一颗花生，然后把玻璃瓶放在那里。蜘蛛猴刚好可以把手伸进瓶子去拿那粒花生，一旦它们握住花生，手就抽不出来了。但它们就是不肯放手，所以……

上面这个故事告诉我们：知道自己想要什么的一半是知道自己在得到它之前必须先舍弃什么。

小练习：想一想，你在生活和学习中遇到过哪些需要折中的问题？你是如何折中的？

3.2 目标是什么

理解了折中之后，让我们再回到成长目标这个话题中来。说起成长目标，大家肯定会关心这样两个问题：为什么我们需要设定成长目标？设定了成长目标跟没有设定成长目标有什么不一样呢？

马克·H.麦考梅克（Mark H. McCormack）在他的《哈佛学不到的管理策略：全方位职教战手册》[6]一书中提到了哈佛大学在1979～1989年开展的一项研究。1979年，哈佛MBA的毕业生被问及这样的问题："你是否有明确的目标，并把它写下来了？你是否已经制订好了计划来实现它？"结果，只有3%的毕业生做到了；13%的人有目标却没写下来；其余84%的人除了打算离开学校以后好好过个暑假以外，什么目标也没有。

十年以后，也就是1989年，研究人员又找到当年那批毕业生。他们发现，当初那13%制定了目标但是没写下来的毕业生挣的钱，是那些没有目标的84%的两倍。而最惊人的是，当初那些目标明确又将其写了下来的3%的毕业生，他们挣的钱平均是其余97%的人的十倍。这些毕业生之间唯一的区别，就在于他们中3%的人毕业时目标明确。

且不论这项研究本身的科学严谨性，但拥有清晰的目标、把实现目标作为自己的承诺并且坚持为目标实现而努力奋斗，这毫无疑问会提升目标实现的概率。更重要的是，实现目标过程中所获得的自身的成长将为自己的未来奠定更加坚实的基础。

新东方的创始人俞敏洪老师曾经在他的演讲"相信奋斗的力量"中讲

第一篇　启航准备

述了一段他自己的经历。上高中的时候，他的老师曾经对全班同学说，"你们当中没有一个人能考上大学，将来一定都是农民"。很多同学就这样相信了，所以就不再努力，后来都辍学了。但俞敏洪不相信，他更相信自己，所以他连续参加了三次高考，最终考上了北大。这个故事虽然听起来有点"鸡汤"，但有一个道理是真的：一个人相信什么就会成为什么。从某种意义上说，目标树立了一个让自己相信并且愿意为之全力以赴去实现的未来定位。

　　1952年7月4日清晨，加利福尼亚海岸笼罩在浓雾中。在海岸以西21英里的卡塔林纳岛上，有一个34岁的女人涉水进入太平洋中，开始向加州海岸游去。要是成功了，那她就是第一个游过这道海峡的妇女。这名妇女叫费罗伦丝·柯德威克。在此之前，她是从英法两边海岸游过英吉利海峡的第一个妇女。那天早晨，海水冻得她身体发麻，雾很大，她连护送自己的船都几乎看不到。时间一个钟头一个钟头过去，千千万万的人在电视上注视着她。在以往这类渡海游泳中她遇到的最大的问题不是疲劳，而是刺骨的水温。15个小时之后，她被冰冷的海水冻得浑身发麻。她知道自己不能再游了，就叫人拉她上船。她的母亲和教练在另一条船上，他们告诉她海岸很近了，叫她不要放弃。但她朝加州海岸望去，除了浓雾什么也看不到。几十分钟之后，人们把她拉上了船。而拉她上船的地点，离加州海岸只有半英里！当别人告诉她这个事实后，从寒冷中慢慢复苏的她很沮丧。她告诉记者，真正令她半途而废的不是疲劳，也不是寒冷，而是因为在浓雾中看不到目标。柯德威克一生中就只有这一次没有坚持到底。两个月之后，她成功地游过了同一道海峡。

　　柯德威克虽然是个游泳好手，但也需要看见目标，才能鼓足干劲完成她有能力完成的任务。从这个故事当中我们可以清楚地看到明确的目标的确非常重要。

目标其实也在传递一种力量，向我们及他人传达一种克服困难的信念。设定目标就是用语言给自己一种承诺。一个明确的承诺，可以给我们心理暗示，让我们集中注意力，帮助我们找到达成目标的路线。明确的目标使自己知道什么是最重要的事，有助于我们合理安排时间。设定了时限和具体成果的目标通常会有更好的激励效果，我们在下一节讲述目标设定的 SMART 原则时会详细阐述。

非常重要的一点是：目标是为了让我们能享受眼前，目标是意义，不是结局。当人生目标被认可为意义时，它才会帮助我们规划人生旅途中的每一步，并让我们享受期间获得的成长以及成长带来的快乐。而当目标被认为是结局时，它所带给我们的只会是无尽的困难和挑战，而且容易让我们走进死胡同而不能自拔。好的人生目标应该可以时时给我们传递力量，鼓舞我们，让我们更加清楚自己的使命及人生意义。

3.3 目标设定

有人把有目标的人生叫航行，而把没有目标的人生叫流浪。那么我们该如何设定目标呢？

对于大多数人来说，人生目标的设定是一个过程，一个由模糊到清晰的渐进过程。可能有些人在小小年纪便会有清晰的人生目标，而有些人到了很大年纪才逐步明确人生目标。也有很多人的人生目标随着自身的成长在动态演进，不断切换，然后到某个时间点后稳定在一个具体的目标上。这些不同的过程没有孰好孰坏，真正重要的是：如果我们还没有清晰的人生目标，我们可以在自我成长过程中把人生目标的设定作为一个常态化的任务。

1. 目标分解

人生目标是一个相对长期的目标。除了人生目标之外，我们在平时的生活和工作中也需要经常设定不同种类的目标，这些平时的生活目标和工作目标相对于人生目标来说比较短期，所以目标也可以根据所需实现时间的长短分为长期目标和短期目标。长期目标指明一个长远的方向，而短期目标则需要在近期内完成。我们在设定目标时，一般需要把长期目标分解为若干个阶段性目标，把距离当前时间点比较近的目标作为短期目标，所有阶段性目标的实现会为长期目标的最终实现奠定良好的基础。相应地，如果一个目标过于宏大，比较实际的做法是将大目标分解成若干个可以逐步实现的小目标。所以设定目标时必须经历的一个思考过程就是目标分解，即把长期目标分解为若干短期目标，或者把一个复杂的目标分解为若干个小目标。

在设定人生目标时，我们可以想象大的"愿景"，可以问自己到底想要怎样的生活，想想"愿景"当中自己希望5年、10年、15年或20年后生活的样子。这个样子刻画的是未来的自己的模样，刻画得越具象化，目标就会越清晰。确定好大的人生目标时，那些5年、10年、15年或20年的画像则可以成为阶段性目标。

再举一个目标设定的例子，是关于寻找理想工作的。其实我们可以先问自己如下几个问题，然后根据问题的答案把找工作这个大目标分解成相关的素养／技能提升、目标公司确定、工作申请准备、工作正式申请等若干个小目标。

- ❑ 自己理想的工作是怎样的？
- ❑ 这份理想的工作需要哪些素养和技能？
- ❑ 自己目前的素养和技能跟理想工作的需求之间有哪些差距？
- ❑ 自己需要完成哪些准备工作来缩短需求差距，以提升获得这份理想工作的概率？
- ❑ 在工作申请的过程中可能会碰到哪些困难？

2. 目标的合理性

当然，合理性是目标设定的首要原则，不同的人要根据自己的实际情况和客观环境设定一个适合自己且有达成可能性的目标。这个达成可能性不是指目标简简单单就能实现，而是指通过努力拼搏存在实现目标的可能性。太简单的目标由于没有挑战，不但让人实现目标的动力和意愿下降，目标实现后的意义感和成就感也不会太强烈。有挑战性的目标却不一样，实现后的意义感和成就感会让自己难以忘怀，而且整个为实现目标而拼搏的过程也会被津津乐道。但那种通过努力也无法达成的不现实的目标，却会令人沮丧并逐渐失去幸福感。美国社会心理学家麦克利兰和阿特金森在研究成就动机（achievement motivation）时发现，如果一个目标成功的概率有50%，人的动力和付出就会不断增加。但是，如果成功的机会继续上升，人的动力和意愿则反而会下降（见图3-1）。其实在很多公司，管理者对销售人员的季度销售指标基本上就是按照"估计目标达成的概率为50%"这个原则来制定的，这不但有助于公司达成更高的销售额，也有利于促进销售人员为努力完成销售目标而快速成长。

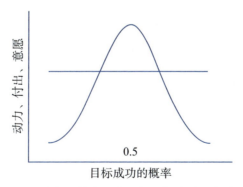

图3-1　人的动力、付出和意愿与目标成功的概率的关系

3. 目标的优先级

我们每个人的生活和工作都不是单线程的。也就是说，在生活和工作

中一定会存在某些时间段，在这些时间段内我们需要同时完成两个或者两个以上的目标。这就要求我们必须对目标设定优先级，在时间有冲突时灵活地根据当时的情况以及目标的优先级来决定自己的时间分配方式。比如说我们制定了两个目标——每天到操场上跑步 1 小时和每天阅读一篇学术论文，而在某一天由于一些事情导致时间不够不可能同时完成上述两个目标，在论文阅读的优先级高于跑步的情况下，那一天的跑步目标便有可能完成不了。在第 4 章中我们会详细介绍任务的优先级以及处理时间冲突的方法与实践。

4. 目标设定与撰写的 SMART 原则

不管是长期目标，还是短期目标，也不管是大目标还是子目标，我们鼓励把所有设定好的目标都写下来，并以此作为目标实施情况的检查依据。把目标写下来的时候，语气应该积极乐观，方式应该直接，以更好地鼓励自己去实现目标。比如"我打算在 2 个月内学会开车以享受更加自由的出行"就是一个主动积极的目标，而"我不想每次都依赖他人把我送回家"则是一个相对消极的目标。

SMART 原则是目标设定与撰写时常用的一个原则。SMART 是 5 个英文单词的首字母，它们的具体含义如下：

- ❑ Specific：所设定的目标必须是具体的。
- ❑ Measurable：所设定的目标必须是可度量的。
- ❑ Attainable：所设定的目标必须是可实现的。
- ❑ Relevant：所设定的目标必须是相关的。
- ❑ Time-bound：所设定的目标必须是有时限的。

按 SMART 原则设定目标时需要考虑的问题可以参照图 3-2。

在 SMART 原则中，最让人困惑的是 A（即目标是不是可实现的）。

可实现性非常高的目标其挑战性相应就比较低，可实现性非常低的目标则其挑战性比较高。在设定合理的目标时需要对目标的可实现性进行很好的评估，以便最终确定的目标有一定的挑战性，但经过努力拼搏后同时具有实现可能性。

Specific	我具体想完成什么？我为什么想要完成这个目标？这个目标涉及哪些人？这个目标将在哪里完成？我想在何时完成这个目标？
Measurable	我如何知道目标是否完成？我将如何衡量目标完成的进展？我将用什么指标来衡量进度？
Attainable	我是否拥有完成目标所需的能力和资源？如果没有完全具备，那么我缺少的能力/资源是哪些？有其他人曾经成功地实现过类似的目标吗？
Relevant	这是一个值得去实现的目标吗？现在是不是合适的时间去设定和实现这个目标？我是否有足够的资源去实现这个目标？这个目标是否和我的长期目标一致？
Time-bound	实现这个目标需要多长时间？何时必须完成这个目标？我将从什么时候开始着手去实现这个目标？

图 3-2　按 SMART 原则设定目标时需要考虑的问题

以下是两个运用 SMART 原则设定的目标示例：

❏ 学习机器学习：本学期第 10 周之前看完周志华老师的《机器学习》，完成 5 篇相关顶会论文的阅读并与实验室成员分享；在学期结束之前完成驾驶员疲劳检测项目的开发。

❏ 做一名志愿者：加入学校给偏远地区学生线上补课的志愿者社团，到本学期末贡献上课时间累计 40 小时以上。

小练习：请尝试按照目标设定的 SMART 原则为自己设立一个目标。

3.4 目标实现

目标设定好后,需要围绕目标的实现去做目标实施计划,然后按照计划执行,否则设定的目标根本不可能实现。SMART 原则除了可以用于设定目标之外,也同样可以运用在制订实现目标的计划上。也就是说,为实现一个目标的所有阶段性子目标或者子任务的完成计划,都可以用 SMART 原则来制订。没有实施计划的目标充其量就是一个想法或者主意,不可能真正产生影响。

以我们成长过程中的职业目标实现为例。我们根据自己的兴趣、能力、专长等诸多情况确定一个职业目标后,需要进一步进行细致的分析,弄清楚实现职业目标需要的各类技能以及这些技能之间的依赖性(见图 3-3),然后按照技能相关图的拓扑顺序(比如说按以下拓扑顺序:技能 p、技能 n-2、技能 m-1、技能 n-1、技能 r、技能 m、技能 n)去提高自己的技能。也就是说图 3-3 中为最终实现职业目标所需的每一项技能的提升,都应该是职业目标实现计划中的一项子任务,需要有明确的完成时间节点。当然,即使我们已经掌握了自己职业目标所需的所有相关技能,也不能百分之百确保成功实现最终的职业目标。这些相关技能只是实现职业目标的必要条件,而不是充分条件,职业目标的实现还可能受很多其他因素的制约。为提升目标实现的可能性,我们要始终保持紧迫感并持之以恒地努力实现目标,但同时又要避免"目标颤抖",并进行周期性的复盘以根据实际情况和各种变化进行必要的计划动态调整。

1. 保持紧迫感

我们需要时刻保持紧迫感,否则目标的实现及计划的实施都不可能如期完成。什么是紧迫感呢?富兰克林曾经说过,"你也许会滞留原地,但时间绝对不会"(You may delay, but time will not)。为了能够尽快地成长为目标中的自己,我们需要跟时间赛跑。

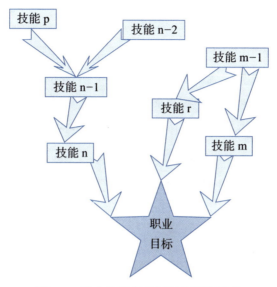

图 3-3　职业技能相关图拓扑顺序示意

2. 做到持之以恒

由于目标实现的过程中难免会碰到困难和挑战,我们只有内心对确定的目标不动摇,并坚定不移地去执行实现目标的计划,才有可能最终达成目标。在读大学时,我有一位同学制定了一个一年之内掌握一万个英语单词的目标。他的执行计划看起来非常简单,就是每天坚持掌握 30 个新单词。一开始他的计划执行得挺好,但后来他发现随着时间的推移,原来自己觉得已经掌握的单词又变得陌生起来。为了确保已经掌握的单词不容易被遗忘,他每天除了背 30 个新单词外,又充分利用零碎的时间去复习以前背过的单词。虽然每天花在背英文单词上的时间越来越多,但他硬是坚持下来了。不但达成了掌握一万个英语单词的目标,而且英文水平得到了大幅度提升。此外,2.4 节中所介绍的那些面对成长之路上的困难和挫折的方法,在目标实现的过程中也同样适用。

3. 避免"目标颤抖"

对于目标实现，我们需要享受的是实现目标过程中获得的成长，而不是过多地关注目标实现的结果。在现代医学上，有一种现象叫作"目标颤抖"(Target Trembling)。这种现象指由于做事过度用力和意念过于集中，反而将平时可以轻松完成的事情做糟了，正如有句话说的，"太想纫好针的手会颤抖，太想踢进球的脚会颤抖，太想做大创意的脑会颤抖"。太在乎了、太看重了，必然会导致心态失衡、动作变形。成长的紧迫感是必须要有的，但不能因太看重结果而把自己压垮。举得起放得下叫举重，举得起放不下叫负重。在每次的奥运会上，都会有一些夺冠热门的运动员由于心理压力过大而在比赛中表现失常，最终和金牌甚至奖牌无缘，这就是典型的"目标颤抖"的例子。

纸上得来终觉浅，绝知此事要躬行。在目标实现的过程中为了最大幅度地防止"目标颤抖"，我们需要更进一步去明确"目标是意义，不是结局"的含义。朝着最好的结果努力，同时做好接受最坏结果的准备，人生一个重要的绚烂之处，就在于我们每个人在目标实现过程中能够完成自身的逐步成长。

4. 复盘与动态调整

有些目标由于本身的复杂性较高或者环境的可变性及不确定性较大，在目标设定时预估的成功实现的可能性就会相应比较低。这类有挑战性的目标需要更多的探索和尝试才能最终找到一个可行的实现计划和方案，或者根据探索的结果可以进一步确定目标在当前环境/条件下的不可实现性。越有挑战性的目标，越需要我们周期性地对目标本身以及目标实施计划进行复盘，并根据复盘的结果进行相应的动态调整，这个调整可以是目标本身，也可以是目标不变，但目标的实施计划需要做出相应的改进或者优化。电视连续剧《狂飙》中的主人公安欣，在与黑恶势力展开的长达二十年的生死搏斗中，虽然扫黑的目标和决心始终保持不变，但他也会根据环境的变化在不同的年代采取不同的斗争策略。

毫无疑问，人生目标或者职业目标的设定本身就是一件非常有挑战性的事情，这也是很多家长都鼓励孩子多进行尝试与探索，并希望孩子在持续的探索中找到自己心中的热忱所在的原因。在设定好人生目标后，持续的探索、实践与复盘也是构建自己核心竞争力并最终实现人生目标的必经之路。

不是每个目标都可以成功实现，但我们需要拥有的是为实现目标努力探索的意愿以及科学的系统化的探索尝试。很多时候，在为实现目标而努力的过程中获得的成长可能比实现目标本身对我们产生更加深远的影响。所有在人生之路上持续探索并逐步成长的人，都值得我们为他们献上鲜花和掌声。

小练习：为你制定的目标做一个目标实施计划。

3.5　不忘初心

经常听人说起"不忘初心、砥砺前行"，其实"不忘初心"跟"以终为始"在一定程度上表意一致。"以终为始"的"终"指目标，而这个目标很多时候就是"不忘初心"中的"初心"。"不忘初心"提醒我们在实现目标的过程中不要忘记心中的那个初始目标，否则很容易在前行的旅途中迷失方向。

例如在很多创业公司的发展历程中，通常公司的创始人在创业初期无不满怀雄心壮志要创立一家伟大的公司，从而制定了公司的愿景、使命和文化价值观，期望公司能够按照自己的预期顺利发展。然而在公司的发展过程中，不少创始人在资本和利益的驱动下逐渐忘记了自己创业的初心，所作所为与公司成立之初设定的文化价值观渐行渐远。创业艰难，一家伟大公司从创业开始持续茁壮成长的一个很重要的体现便是创始人是否能做到不忘初心。

对于我们每一个人的职业发展及成长规划，我们的初心就是不断成为更好的自己。记住这一点，可以让我们在这个纷繁复杂及充满诱惑的社会中牢记自己的成长目标，并在实现成长目标的道路上坚定地走下去。

3.6 本章小结

不管是终生成长还是平时做事，都必须先明确目标。在确定目标以及实现目标时，都需要考虑合理的折中，明确自己会获得什么，同时可能需要舍弃什么。本章还介绍了目标实现过程中需要拥有的心态以及需要注意的一些问题。最为重要的是，我们在成长的过程中不要忘记自己的成长目标，在为实现目标而努力的过程中不断获得成长，从而逐步成为更好的自己。

思考题

请读者思考以下三个问题：

- ❏ 若干年后，你希望收获什么？
- ❏ 你愿意为了实现你的目标付出什么？
- ❏ 你的学习及工作的初心是什么？

第 4 章

时间管理

按 SMART 原则设定的每一个目标有相应的完成时间限制（即目标完成的截止时间点），为实现目标所做的目标实现计划也需要一个执行时间表。在限定的时间内如何充分利用好每一分每一秒，确保目标实现计划的顺利执行，以提高目标实现的可能性及目标完成的质量，这些都属于时间管理的范畴。

本章我们要一起探讨的问题是：如何做好时间管理，以便更加顺利地达成目标？

4.1 时间管理的重要性

时间对于我们每个人来说都是公平的，每人每天都拥有 24 小时。同样是 24 小时，为什么有些人能够完成更多的事情并且比其他人收获更多的成长呢？抛开智力、能力、经验等因素，还有一个重要原因就在于时间管理。

时间管理是一个流程，即有关组织和规划如何在多个活动或者任务之间分配时间的流程。即使在时间很紧、压力很大的情形下，好的时间管理也能让我们更加智慧而不仅仅是更加努力地工作，能让我们在更短的时间内完成更多的事情，而时间管理不当将影响我们工作的有效性并导致精神压力。

做好时间管理，我们可以拥有：

- 更高的生产力和效率：一个好的时间管理者清楚地了解自己在什么时间段做什么事情会比较高效，也能够把相应的事情合理地分配到相应的时间段，同时可以充分利用零碎时间，这样毫无疑问可以提高生产力和效率。
- 更好的职业声誉：好的时间管理可以保证任务的按期高质量交付，也容易养成准时的职业素养，这无疑对打造个人品牌有非常积极的推动作用。
- 更小的压力：好的时间管理可以让我们避免"临时抱佛脚"的紧张与尴尬，生活和工作也更具有可预测性，从而可以减小自身压力。
- 更多的晋升机会：假如我们是主管，我们提拔下属时大概率会选择那些时间管理得当、重承诺、按时保质交付的下属。如果我们在时间管理上能够成为典范，相信主管在决定提拔下属时，我们也会拥有更多的机会。
- 更大的机会去实现生活目标和职业目标：更高的生产力和效率、更好的职业声誉、更多的晋升机会、更小的压力，这些会直接提升职业目标和生活目标的实现概率，并提升幸福感。

与此相反，如果时间管理做得不好，会直接导致一些负面的影响。图 4-1 列举了一些常见的时间管理不当可能导致的后果。

很多公司都要求员工定期提交工作总结报告（常见的有月度报告或者季度报告），我在英特尔工作时发现我们组有一名员工的工作总结报告写

第4章 时间管理

得非常不错，内容全面、简洁明了且重点突出，贡献和结果以及这些工作所产生的技术、产品或者商务方面的影响都写得很到位，更重要的是，他基本上每次都是组内首先提交工作总结报告的组员。一次组会上我们请他做经验分享，原来他每天晚上都会花几分钟复盘当天的工作，并且把重要的结果和贡献做个简单总结，这样到写月报或者季度报告时他所有的素材其实都在平时积累好了，只要简单组织、编辑和润色一下即可，所花时间也不多。相反，有些同事花了很多时间来回顾过去一个月（或者一个季度）内发生的事情，有时难免会漏掉一些事情，而且如果提交工作总结报告当天事情比较多的话，也没有足够的时间来润色，结果影响了所提交工作总结报告的质量。

- 错过截止时间点。
- 无效的工作流程。
- 低劣的工作质量。
- 不良的职业声誉及停滞不前的职业生涯。
- 更大的精神压力。

图 4-1　时间管理不当可能导致的一些后果

每年的考研成绩一公布，我们不难发现总分比较高的那些同学基本上都是考研期间时间管理做得比较好的。他们在准备考研期间把每天的时间从早到晚都排得满满的，并且合理分配用在各个考研科目上的时间；更重要的是，他们能够持之以恒地坚持这样的学习和作息安排，直至考研结束。相反，那些没有合理安排考研复习时间甚至三天打鱼两天晒网的同学，考研成绩往往都不理想。

从上面的讨论我们可以看到，时间管理主要是依赖更加智慧的时间组织以达到更高效利用时间的目的，做好时间管理带来的好处包括更高的生产效率、更小的压力和更多的机会。时间管理如此重要，我们需要掌握科学的时间管理方法并在生活、学习和工作中去努力实践。

小练习：说一说你对时间管理的认识和理解，并分享一下你在时间管理上做得好的方面以及需要提高的方面。

4.2 时间管理的挑战

做好时间管理并非易事，这也是我们经常听到很多人都在抱怨事情多、时间紧的原因。想把事情做好但又常常感觉时间不够，做好时间管理具体有哪些挑战呢？

一个好的时间管理者需要对自己有清晰的了解。正如在第 1 章中描述的那样，做到清晰地了解自己其实并非易事。跟时间管理相关的自我探索主要包括以下几个方面：

- ❑ **成长目标**：明确的目标有助于提升自驱力和自律性，帮助我们在有冲突时进行合理的折中选择，也有助于我们将更多的时间投入到与成长目标一致的活动上。
- ❑ **生活习惯及作息规律**：用餐时间及时长、休息时间及时长、其他常规必需活动等，这些在我们做时间规划时也需要考虑进去，以提升时间规划的合理性。
- ❑ **工作效率曲线**：了解自己在哪个时间段做什么事情效率会比较高，以便做时间规划时尽可能把事情安排在比较高效的时间段。
- ❑ **现有能力**：明确自己的现有能力，方能比较准确地估计完成某项特定任务的时间。由于不同能力的人完成同一件事所需的时间会有所不同，对自己能力的准确评估就显得非常重要。
- ❑ **学习能力**：学习能力对完成不熟悉领域的任务以及高难度任务的时

第 4 章 时间管理

间预估非常重要，一般来说学习能力强的人对陌生的领域也能够快速上手，碰到不熟悉的任务时完成任务需要的时间会比学习能力一般的人所需的时间短。

- 高效的休息及精力恢复方式：只有休息充分并掌握高效的精力恢复方式，做事的效率才能相应提高。

时间管理的第一个挑战就是如何通过自我探索获得上述几个方面对自己的准确认知。只有基于对自己的清晰了解，我们在做时间管理时才能根据自己的实际情况合理地安排作息，把重要的事情优先安排在自己能够高效产出的时间段，并根据自己的现有能力和学习能力更准确地预估完成一个目标或者一项任务所需的时间。如果参与团队项目，我们作为团队的一员，有责任和义务协助团队管理者以及其他团队成员，在理解整体项目的全局以及各子任务间关系和依赖的基础上，完成自己所负责任务的合理时间规划。

时刻明晰自己的短期目标（任务）和长期目标（任务）是时间管理方面的第二个挑战。实际上，任何一个目标的完成都可以分解为若干个子任务。时间管理其实就是在各自的时间约束情况下如何有效安排自己需要完成的任务及其他活动，对短期任务和长期任务的明晰有助于在需要安排的任务和可用时间窗之间达成更加合理的匹配。由于任务本身的短期性或者长期性有可能是动态变化的，这需要我们经常对短期任务和长期任务的列表进行更新。通常我们每个人容易犯的错误便是在时间管理的过程中过多地关注短期任务而忽略了长期任务，一方面是因为短期任务的截止日期比较近从而完成的紧急程度感觉会强一些，另一方面也是因为长期任务的完成时间点比较遥远从而会让人忽略长期任务的重要性。但事实上，很多长期任务（比如说我们自身的能力素养成长）其实更加重要。时间管理过程中长期任务被忽略的结果必然会影响长期任务的最终完成度，所以一个常用的技巧是对一项长期任务设置多个中间检查点,以提醒我们必须在各个中间检查点达成长期任务的某些进展。

在做时间规划时,建议先把长期任务所需占用的时间规划好,然后再规划中短期任务。比如说 3.4 节中所举的那个一年内背一万个英文单词的例子,如果那位同学不能把这个一年期的长期任务在每天的时间安排中好好落实,那一年后他掌握一万个英文单词的目标便可能无法顺利完成,所以每天掌握 30 个新单词这个安排便是一个很好的中间检查点设置。有些同学可能会觉得这没有那么严重,如果一天没有完成所需要掌握的单词数,那第二天多背几个就可以了。事实上由于各种客观存在的潜在冲突,这种"任务推延"的现象的确可能会发生,但如果主观意识上对这种"任务推延"不引起足够的重视,那很可能最后的结果就是无法按时高质量完成任务。

对每一个任务进行相对准确的时间估计(即估计此任务的完成大概需要多长时间)是时间管理的第三个挑战。这跟每个人的经验、能力、精神状态、专注程度、投入等都相关。此外,对任务所需完成目标的理解程度也会影响时间估计的准确性。总目标是否可以分解为多个子目标?每个子目标完成所需的时间是否可以准确估计?这些问题的答案都会直接影响对完成任务所需时间的估计。如果完成的任务属于自己不熟悉的范畴,那学习能力的强弱需要被纳入时间估计的考虑维度。如果任务的完成有外部依赖(即目标的完成受外部因素的制约),那任务完成的不确定性便会增加不少。让事情变得更加复杂的是,在任务的执行过程中还可能会出现原先没有预计到的困难(比如技术难度、环境变化、需求变更、人员变更等),这些都对准确的任务完成时间预估提出了巨大的挑战。

考虑到针对一个具体任务做时间规划的各种挑战,项目规划时一般都会给每个任务的完成时间预估增加一个缓冲额度(见图 4-2),而这个缓冲

第4章 时间管理

额度的大小与目标难度、执行投入程度、外部依赖风险等因素相关。越是有经验的人，对自身和任务的了解越深入，这个时间缓冲额度一般也会预估得越准。有了任务完成时间的预估，时间规划就是确保任务完成者分配到这个任务的时间总和能够跟这个预估的时间大致保持一致，并且确保任务在截止日期之前能够完成。

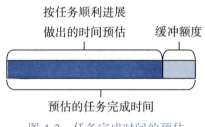

图 4-2　任务完成时间的预估

刚开始工作时，我所在的研发团队是个新组建的团队，工作时间最长的组员也只有两年工龄。在第一次做季度项目规划时，我们每位组员根据自己所负责的任务情况、自己对任务的理解以及对自己的能力评估，先做了一个版本的任务时间预估。可当部门经理发给我们经过修改后的项目季度规划时，我们发现基本上每项任务的完成时间都被相应拉长了。至今我还记得部门经理当时跟我们说的话："在你们提交上来的季度项目规划中，我看到了大家想努力尽快完成任务的决心，也看到了每个人作为新项目成员想尽早展现自己能力的动力。但这是个难度比较高的项目，我们在项目进展的过程中可能会碰到很多原先没有考虑到的挑战，所以我们需要给每个任务的完成时间增加一个缓冲额度……"

时间管理的第四个挑战是需要在任务执行过程中进行持续的跟进与动态调整。即使是再有经验的人，也很难保证自己对任务执行时间的预估能一直保持精准。也就是说，已经完成的时间规划很多时候需要随着任务的进展及环境的变化而进行动态调整。时间规划的动态调整一般需要尽量保证重要里程碑的时间节点保持不变，毕竟重要里程碑是一个承诺，一个对自己及任务相关人员的承诺，重要里程碑完成时间点的延后要非常慎重，否则会对个人的声誉产生影响。如果任务的复杂性或任务进展过程中碰到的挑战真的影响到重要里程碑的完成时间点，我们需要与相关人员（任务的共同参与者、管理者以及那些可能会由于任务延期而受到影响的人员）进行沟通，阐明导致时间规划调整的原因，获得理解。做时间规划的目的是更加及时和更高质量地完成目标，时间规划的动态调整也需要遵循同样的目的，每次做完时间规划调整后的总结与反思对我们以后的时间规划实践都是宝贵的经验。

单个任务的时间规划已经不易，如果是同时进行多个任务，那时间管理的挑战无疑会急剧增加。而我们每个人在生活、学习和工作中毫无疑问都需要时刻面对同时处理多件事的情形。如何处理多任务导致的时间冲突是时间管理的第五个挑战，也是最大的挑战，我们将在 4.3 节和 4.4 节中详细介绍。

小练习：说一说你是如何做时间管理的？结合自己的实际情况，你觉得自己在时间管理方面最大的挑战是什么？

4.3　要事优先

假如给定一个大的玻璃杯以及一些大小不一的石块，我们的任务是尽量把这些石块都放入玻璃杯中。可以有不同的石块填充方式，玻璃杯内所包含的石块也会随着不同的石块填充方式而有不同的呈现（见图 4-3）。

假如我们选择先把小石块放入玻璃杯中，很有可能有些大石块便不能被放入玻璃杯了。相反，假如我们先把大石块放入玻璃杯，小石块则会比

第4章 时间管理

较容易地填补大石块之间的缝隙。如果我们把玻璃杯看作一个容量固定的时间容器，而把石块看成我们需要处理的事情，那我们该如何决定哪些事情是我们人生中的"大石块"呢？或者说，什么事情对我们来说是"要事"（重要的事情）呢？

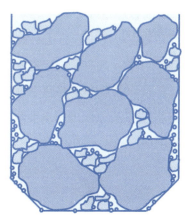

图 4-3　把石块放入玻璃杯的图示

通常来说，不同的人在人生的不同阶段有不同的"要事"。比如说，在年轻的时候，学习和成长是"要事"，工作时构建自己的核心竞争力是"要事"，退休以后则"保持身体健康"是"要事"。我有一位朋友，动手能力极强，工作表现也不错，但由于是中专毕业，职业发展到一定阶段后遇到了瓶颈，于是在30岁时他决定通过成人高考拿到本科学位。经过4～5年的努力，他终于拿到了本科学位。于他而言，那4～5年中通过本科学习拿到学位就是最重要的事情，因为同时还要上班，他的业余时间安排几乎全部都聚焦到学习上。在如愿拿到学位的同时，他也通过4～5年的持续学习掌握了很多专业知识，为他以后的工作奠定了更加坚实的基础。

我们一旦确定了自己的人生方向，就应该对自己进行有效的管理，努力让生活跟设想保持一致。有效管理其实就是先做最重要的事，运用自身的独立意志去做最重要的事。这里独立意志指的是做出决定和主动选择，并根据这些决定和选择采取具体行动的能力。有效管理的实质就是通过自律和条理来实施计划，让我们在特定时刻始终坚持自己的既定价值观。

史蒂芬·R.柯维（Stephen R. Covey）在他的《高效能人士的七个习惯》[7]一书中描述了一个时间管理矩阵（见图4-4）。任何事情都可以按照对于自己来说的紧急程度和重要程度进行分类：紧急意味着必须立即处理，不得推拖；重要程度与目标有关，凡有价值、有利于实现个人目标的就是要事。时间管理矩阵相应地按照紧急和重要两个维度可以分成如图4-4所示的四个象限。于是一件事按照紧急程度和重要程度进行分类后必然会处于时间管理矩阵的某个象限中。

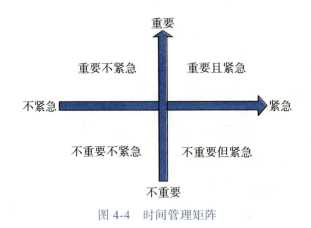

图 4-4　时间管理矩阵

- **重要且紧急**：这一象限中的事情通常被称为危机或问题，需要立刻处理。如果处于这一象限中的事情太多，时间都被这些重要且紧急的事情所占用，不但我们的压力会无限增大，而且由于没有时间去处理重要不紧急的事情，假以时日重要不紧急的事情也会变成重要且紧急的事情，从而众多重要且紧急的事情会占据我们的全部时间，让我们疲于奔命。

第 4 章 时间管理

- **重要不紧急**：常见的重要不紧急的事情包括建立人际关系、撰写使命宣言、规划长期目标等。这些事情的重要性很容易被认可，却因尚未迫在眉睫，反而容易被我们忽略。对于这一象限的事情，我们需要集中精力处理，有计划地去完成，以避免由于不够重视而导致重要不紧急的事情变成重要且紧急的事情。
- **不重要不紧急**：主要指一些消磨时间的活动。这类事情只是生活的点缀，我们可以把它们当作休养生息的一种方式，但是不能沉溺于这个象限，否则便是浪费时间。
- **不重要但紧急**：处于这一象限的对自己不重要的事情之所以紧急，是因为对别人重要，如果有可能交给其他合适的人去完成则可以考虑转交。当然在实际的生活和工作中，有时我们免不了需要花一些时间处理这类事情。

从本质上看，我们对时间的使用无外乎都会落在上面的这四个象限。从原则上说，花在各个象限对应事情的时间（T）如果满足下面这个关系（其中 $\ll$ 表示远远小于），则相对来说我们的时间分配是比较良性的，生活的幸福感会比较高，成长也会比较快。这个关系式告诉我们重要的事情值得我们花更多的时间，这也是要事优先的精髓所在。当然，我们不大可能确保人生的每一阶段都能保持这样的良性时间分配，但这是我们努力的目标。

$$T_{不重要不紧急} \ll T_{不重要且紧急} < T_{重要不紧急} < T_{重要且紧急}$$

达成良性的时间分配需要我们在自律、习惯养成、效率、协调沟通等方面去努力提升自己。最重要的是：重要且紧急的事情越少越好，这样我们可以把大多数的时间花在重要不紧急的事情上，从而减小重要不紧急的事情转化成重要且紧急的事情的概率。

第一篇 启航准备

时间管理矩阵的四象限理论很适合用来思考和指导包含短期目标和长期目标的人生规划，但有一个重要假设：我们很明白一件事情本身的重要性和紧急性。而在现实生活中，紧急性由于跟完成时间相关，相对来说容易判断，而重要性的判断往往没有那么直接。从我们的成长规划来讲，以下几点思考可以帮助我们更好地判断事情的重要性：

- **重将来而不重过去**：对于过去发生的事情，进行反思和总结有利于我们将来在做类似的事情时可以继续发扬做得好的方面并且避免重犯过去的错误。我们的重点应该放在那些能将我们引领到更加璀璨的未来的事情上。也就是说，那些有助于我们实现长远目标的事情具有更高的重要性。
- **重视机会，不能只看到困难**：有些事情的重要性不一定在目前得到体现，但对自己未来的发展如果是一个非常好的机会，即使很困难，也应该放在重要不紧急的象限内去着手规划。比如说如果自己有志于在芯片研究方向成就一番事业，那从现在开始就应该制订一个成长计划表，并安排好时间去学习、实践和成长。
- **选择自己的方向，而不盲从**：在确定长期的人生目标时，我们需要遵从自己的内心。对别人重要的事情不一定对自己重要，同样，自己觉得重要的事情别人也不一定觉得重要。发现自己心中的热忱，把如何成为更好的自己作为自我成长的重中之重。

总的来说，我们要有足够的勇气，要敢于决定真正该做和真正先做的事情，并把这些事情作为重要的事情去安排，做好时间规划并按计划去积极推动执行。

小练习：请用时间管理矩阵回顾过去一天你的时间分配，看看你是否做到了要事优先。如果没有做到，请分析原因。

4.4 时间冲突

我们的成长过程总是充满着各种冲突或诱惑，即使我们心中对很多事情都有非常明确的轻重缓急之分，并且也做好了非常合理的时间安排，也可能会在实际执行的过程中由于一些"意外"的发生而导致时间冲突，即一些突发的事情可能需要占用计划中已经安排其他事情的时间。如何处理计划之外的这些时间冲突呢？

一般来说，如果是由于一些不得不花时间去处理的紧急状况突然发生（比如说突然生病或者家里有急事要处理），通常的操作是处理完突发事件后考虑如何弥补这个突发事件带来的对预定计划的影响。这跟 4.2 节中讲到的时间规划的动态调整类似，通过适当加班或者提升效率缩短某些任务的时间来尽量保证重要里程碑的时间节点能够保持不变。

有些时候，有些突发的事情可能会让我们处于两难的选择境地。比如说一个重要学术会议论文提交的截止日期马上就要到了，某同学正在忙着修改论文，突然接到高中好友的电话："我现在正好在你学校附近，好久不见了，咱们聚一下如何？"面对这一情况，某同学该如何处理呢？

选择 1：跟高中好友聚一聚，聚会结束后抓紧时间熬夜修改论文，不耽误提交论文。

选择 2：跟高中好友解释一下情况，请求谅解，约个时间再聚，然后继续修改论文。

上面两种是常见的还算比较合情合理的选择，不同的选择有不同的折中，这跟某同学与其高中同学的亲密程度、高中同学的同理心、论文的修改进度、论文截止时间点的紧急程度等息息相关。选择没有好与坏，只是在选择的当口理解了不同选择的折中后做出一个适合当时情况的选择即可。对于上面所说的这种情况，重要的是既要完成既定任务（按时提交论文），又要维系好同学之间的友谊。

有三种常用的方法可以让我们避免频繁地陷入时间冲突的窘境。

- 聚焦：如果事情太多，必然会牵扯我们的精力和时间分配。保持聚焦是提高效率及保证工作质量的有效方法。聚焦的常规做法是把重要的事情放在前面来做，这与要事优先的原则是相符的，确保有足够的时间去完成重要的事情。聚焦的另一种做法是每次只集中干好一件事情，以避免在不同事情间频繁切换所带来的开销。当然，很多时候做减法比做加法更难，但更加重要。
- 提升工作效率：提升工作效率可以缩短任务的完成时间，从而可以用节省下来的时间去处理其他事情。
- 利用零碎时间：我们的时间常常会被计划内或者计划外的安排分割成很多个时间段，而且有些时间段很短，不足以用来完成一件完整的事情。我们可以利用这些零碎的时间段去完成那些不需要用大量时间来完成的事情，比如在排队等候、坐地铁、饭后休息时可以背英文单词、看小说、听音乐等。

> 小练习：是否可以分享一个你有效处理时间冲突的例子？

4.5 时间管理的常用诀窍

时间管理技能属于自我管理技能，时间管理也是个人管理的一部分，这是个人素养中一个很重要的技能！做好时间管理需要持之以恒的实践与努力，也需要掌握一些常见的时间管理诀窍。

- 认识到时间管理是一件神奇的事情：这是我们首先需要理解的，不

第 4 章 时间管理

管我们多么有条理地去规划，一天永远只有 24 小时。时间不会变化，我们能管理的是自己以及在自己拥有的时间内做些什么。我们必须理解这一点，并在时间管理过程中始终保持对时间紧迫性的清醒认识。

❏ 发现自己在哪些地方存在时间浪费的现象：在现实生活中，我们中的很多人都或多或少存在浪费时间的现象。比如说，不少人每天花了太多的时间用于浏览互联网、阅读邮件、通过社交软件进行社交、打个人电话，等等。Salary.com 在 2014 年曾经做过一个调查，调查结果显示大多数的调查参与者承认他们每天在工作中都存在浪费时间的现象。在这些承认浪费时间的调查参与者中，有 31% 的人每天大约浪费 30 分钟，有 31% 的人每天大约浪费一个小时，有 16% 的人每天大约浪费两个小时，浪费大约三个小时、四个小时以及五个小时或者更多的分别有 6%、2% 和 2%。总的来说，了解我们每天在哪些活动上花了多少时间是有效时间管理的第一步。我们可以定期对当天的时间花费进行复盘，写下当天所有的活动及每项活动所花费的时间，检查一下哪些活动是必需的而哪些活动其实是可选的，哪些活动其实不需要花那么多时间。上述方法有助于我们发现生活中是否存在时间浪费现象。

❏ 创建时间管理的目标：我们需要记住的是，时间管理的焦点是改变我们的行为，而不是改变时间（时间其实是无法被改变的）。一个好的改变是从消除个人时间浪费开始，比如说可以设定这样一个目标：学习或者工作的时候不去拨打个人电话，不去处理跟学习和工作无关的微信。

❏ 实现时间管理计划：这是上一步创建时间管理目标的延续，目的是逐步改变行为以便实现自己设定的时间管理目标，比如说提高生产效率或者减少压力。也就是说，我们不但需要确定具体的时间管理目标，更需要紧密跟踪目标的实施进展。

- 利用时间管理工具：不管是用PC端的软件工具还是用手机上的App，管理好时间的第一步就是了解目前的时间都花在哪些地方了，以及自己准备在将来如何更有效地安排这些时间。比如说微软Outlook自带的Calendar，就可以让我们方便地安排日程并具有事前提醒功能，而Notion更是一款整合了笔记、知识库、资料表格、看板、日历等多种功能于一体的被广泛使用的应用程序。

- 冷静合理的优先级排序：开启每一天的第一件最重要的事情就是对当天所需要完成的任务进行优先级排序，并且设定当天任务的完成标准。如果我们一天内有20件事情需要完成，那我们首先要确定的就是其中有多少是真正需要完成的。

- 学会授权与（或）外包：对很多业内人士来说，如何有效授权是比较难掌握的技能之一。当我们负责的事情比较多的时候，有时没有必要对所有的事情都亲力亲为，因此可以尝试邀请其他一些可靠的同事来分担一些工作职责。通过授权或者外包可以节省一些时间，这样我们便可以把节省下来的时间用在更加重要的事情上。对于被授权的同事来说，这也是一个锻炼和成长的好机会。

- 建立常规日程并坚持：虽然在预计和安排好的事情之外可能时不时地会发生一些计划之外的事情，但大多数时候如果能够按照常规日程来办事无疑会更加高效。对于大多数人来说，建立常规日程并且按照常规日程去执行会减少时间浪费，也有助于养成良好的习惯，让生活及工作更加有规律。

- 养成为任务设定时限的习惯：处理电子邮件或者浏览社交App时如果没有时间限制，一不小心可能会花掉我们一天中的大部分时间，因此需要为这类事情设定一个时限（比如不超过1小时）并且坚持执行。一个常用且简单易行的方法就是每天都在一个（或几个）确定的时间段内处理电子邮件或社交 App，而不是随时处理。

❑ **确保自己的系统井然有序**：如果我们需要花很长时间才能在自己的计算机上找到一个文件，或者我们的文件组织方式正在影响我们的效率，那么我们需要花时间去系统化地重新组织自己的文档。类似地，自己的物件或者材料的摆放也要有条理，以便自己不会在找东西上浪费不必要的时间。

❑ **不要把时间浪费在等待上**：如果我们在等待下一个会议的召开，或者在排长队购票，我们没有必要在等待的过程中什么也不做。现代科技的发展让我们可以随时随地学习和办公，我们可以在等待时进行阅读、观看培训视频，或者思考，充分利用好这些零碎时间。

时间管理的主人是我们自己，我们需要掌握时间管理的主动权以完成想要完成的目标。此外，时间不是被用来节省的，而是应该被高效利用的，否则节省时间毫无意义！

小练习：除了本节介绍的这些常用时间管理技巧外，你还有哪些时间管理小技巧可以分享一下？

4.6 本章小结

任何目标的实现及任务的完成都以严谨的时间管理为前提，对于大多数人来说做好时间管理本身也是一个挑战。本章详细介绍了时间管理的重要性以及做好时间管理的诸多挑战，并介绍了要事优先、聚焦、充分利用零碎时间等解决时间冲突的方法。做好时间管理需要我们提升时间预估的能力，并在持之以恒的实践与努力中提升我们的做事效率，从而提升目标达成的可能性。

第一篇 启航准备

思考题

在时间管理方面,请读者思考一下自己有哪些方面做得不错,又有哪些方面需要提升。针对自己需要提升的方面,列出一个行动计划并对行动计划的执行效果进行跟进。

第 5 章

系统化的问题探索

我们的成长过程同时也是一个能力不断提升的过程，而能力提升的最佳途径便是解决实际问题。解决的问题越多、难度越大、复杂度越高，收获也越大。本章我们的讨论重点是系统化的问题探索，以及如何运用系统化的问题探索能力去开展创新活动。

工程师是一个与问题探索和解决紧密相关的职业。在维基词典中，工程师的定义如图 5-1 所示。在这个定义中，有两个角度非常有意思：一个是流程，另一个是约束。工程师的专业工作包含发明、设计、分析、构建和测试这样一个完整的流程，同时在整个工程实践过程中，工程师需要考虑实用性、规范性、安全、成本等约束。工程师的工作在科学发现与这些科学发现在人类、商业需求及生活质量等方面的实际应用之间形成了一个牢固的链接，从而清晰地阐释了工程师工作的意义所在。

既然我们讨论的是系统化的问题探索，在问题探索的步骤、方法、原则和实践上需要综合考虑流程和约束等各方面的因素，从而提升解决实际问题的能力。同时我们也要注重培养在日常的学习、生活和工作中发现问题的能力，这也是问题探索非常重要的组成部分。

> Engineers, as practitioners of engineering, are professionals who invent, design, analyze, build and test machines, complex systems, structures, gadgets and materials to fulfill functional objectives and requirements while considering the limitations imposed by practicality, regulation, safety and cost.
>
> (作为工程工作的从业者,工程师是这样一群专业人士,他们在充分考虑实用性、规范性、安全、成本等约束条件下,负责发明、设计、分析、构建和测试机器、复杂系统、大型建筑、小巧的机械装置和材料,从而完成功能目标和需求。)

图 5-1　工程师的维基定义[1]

5.1　解决问题的六个步骤

新墨西哥大学(University of New Mexico)提出的 SCME(Southwest Center for Microsystems Education)是一个包含 6 个步骤的系统性地解决问题的方法[2](见图 5-2)。

1. 第一步:确认问题的存在

确认问题的真实存在是系统化的问题探索的第一步,因为如果问题不可复现,或者问题本身就不是真的问题,那就无须着手去解决。

当然,确认问题是否真实存在需要我们具备一定的专业知识,即足以帮助我们理解问题情形和状况的相关知识。如果我们需要面对一个不熟悉的领域的场景,一定要通过提问和咨询来获得对问题场景的理解,切忌不懂装懂。

判断问题是否存在的一个常用方法是看问题现场与标准现场之间是否存在偏差,比如说通过判断一个人的体温超过基础体温多少便可以判断此

---

[1] 参见 http://en.wikipedia.org/wiki/Engineer。
[2] 参见 https://nanohub.org/resources/26844/download/ProblemSolving__P1_PK_PG.pdf。

人是否发烧。因此，通常我们可以通过如下两个探索来发现问题是否存在：

- 现场的工作流程是否正常？
- 现场的输出结果是否正确？

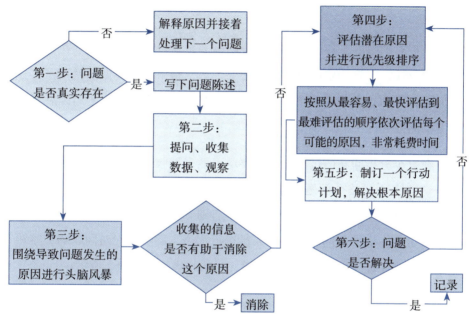

图 5-2　系统性解决问题的 6 个步骤

一旦确认问题存在，我们需要写好一份规范的问题陈述（Problem Statement）文件，在问题陈述上准确地描述清楚如下几点：

- 究竟是哪里出问题了？
- 问题的严重程度（即跟期望标准的偏差大小）。
- 问题造成的影响。

如果参与问题确认的不只一人，那么所有参与者需要对问题本身及问题陈述达成一致意见，以便后续解决问题的相关工作能够更加顺利地进行。

2. 第二步：分析问题之信息收集

确认问题真实存在后，需要根据问题陈述进一步深入分析问题。分析问题的第一步是再次确定问题症状跟期望标准的偏差大小，并理解问题的紧急程度。同时需要确认的是如果得不到及时处理，问题是否会变得更加严重。

基于对问题的了解，另一个需要明确的是这个问题是否值得花时间和精力去解决。一旦确定问题解决的必要性后，接下来需要做的就是深入分析问题，直到找出导致问题发生的原因，并在找到问题发生的原因后开始思考如何处理。

在整个分析问题的过程中，需要尽可能多地收集与问题症状相关的事实，这些事实在整个问题解决的过程中将会起到非常重要的作用。如果有可能，做一下问题症状复现，这样将有助于更加真切地认识该问题。此外，尽可能多地去和问题相关的人员进行沟通，聆听他们对问题的观察和理解，不放过每一个细节。具体来说，必须收集的信息如下所示：

❑ 定位

- 问题是在哪里被发现的？
- 现场发现问题的人是谁，是操作员、质检人员、客户还是其他人员？
- 问题的准确发生点是在哪个模块（或者哪个部件）的哪个地方？

❑ 时间

- 问题是什么时候开始的，或者说问题是什么时候第一次被发现的？
- 问题是持续发生的、偶尔发生的还是断断续续发生的？
- 问题多长时间发生一次？
- 问题的发生是否有固定的模式？

第 5 章 系统化的问题探索

❑ 程度

- 问题症状和期望标准的偏差程度？
- 问题的严重程度是否随时间在变化？
- 问题的严重程度变化是否有一定的趋势？
- 问题最终会发展到多么严重的程度？
- 问题恶化得有多快？
- 是否还有其他机器 / 模块 / 部件可能存在同样的问题？
- 发生问题的地方总共有几处？

还需要重视的是，问题是否在某些东西 / 事情发生改变后发生（比如说某个软件的升级、某次例行维护、一个新部件的安装、采用了新的材料、新员工接手等）。如果真的发生了某些改变，需要了解这些改变是什么、改变发生在哪里、什么时候改变的，以及是否由于这些改变导致了问题的发生。

3. 第三步：查明导致问题发生的可能原因

到这一步的时候，我们已经对问题本身及问题症状有了基本了解，接下来需要思考的是导致问题发生的可能原因。

很多时候，导致问题发生的原因可能很明显。比如水杯倒了，开水洒入插座导致短路，并进而导致实验室突然断电。当遇到导致问题发生的原因不是那么明显时，需要开展头脑风暴讨论会，进而找到导致问题发生的可能原因。

头脑风暴是两人或者多人一起讨论并产生主意和解决问题的可能思路的一种常用手段。头脑风暴的目的是产生尽可能多的主意，也就是说更看重数量而不是质量。当头脑风暴参与者提出一个主意后，其他参与者不能反对，但可以基于前面提出的主意继续扩展思路或者提出新的主意。群体的头脑风暴通常会比单独一人的思考产出更多的好主意。

一旦来自头脑风暴所有参与者的主意都收集完毕，这些主意和第二步收集的信息结合，同时结合大家的专业知识，我们便可以挖掘出导致问题发生的一些可能原因并进行初步评估，从中筛选出一些值得进一步调查的原因。

4. 第四步：评估导致问题发生的可能原因

对导致问题发生的可能原因进行评估其实就是一个不断"过滤"的过程。第一个"过滤"是去除重复项，也就是说，如果两个或多个可能原因其实表述的是相同或者相似的意思，可以只保留一个，或者把这些可能原因进行合并。此外，删除那些已经核查过的或者根据专业知识可以明确判定不可能导致问题发生的原因。

在完成上述"过滤"过程后，对剩下的可能原因按照评估的难易程度从易到难排序，也就是说，比较容易和比较快完成评估的可能原因排在前面，然后逐一进行评估。对导致问题的可能原因进行评估需要很强的领域专业知识，在评估过程中也有可能需要进一步收集更多的信息。

5. 第五步：制订一个解决问题的行动计划并执行

一旦确定导致问题的原因，我们便可以有针对性地制订相应的解决问题的方案。其实在上一步对导致问题的可能原因进行评估时，我们也可能同时讨论出解决问题的潜在方案。一般针对一个具体的问题以及确定的导致问题的原因，可以通过头脑风暴的方式来获得可能的问题解决方案清单。

如果存在多个问题解决方案，我们需要选择出最优方案，同时找出如下问题的答案：

第 5 章　系统化的问题探索

- 方案的实施需要多少人力？
- 方案的实施需要多长时间？
- 方案的实施需要投入多少资金？
- 还需要收集额外的信息吗？如果需要，应收集哪些信息？
- 方案的实施需要牵涉别人吗？如果需要，要牵涉哪些人？
- 是否需要回退到前一步，去检查是否有别的原因导致问题的发生？
- 这个方案是否可以真的解决问题？
- 这个方案对问题的解决是永久性的还是临时性的？

在执行问题解决方案前，我们需要有一个详细的行动计划，并且与所有相关人员沟通这个计划，同时做好准备去回答相关人员的提问，以便获得大家的支持。

一个好的行动计划包括如下几个部分：

- 必需的步骤和行动。
- 各项行动的先后顺序。
- 行动执行所涉及的相关人员的责任。
- 各项行动的执行时间。
- 行动执行需要的工具和设备。
- 行动跟进和控制所依赖的必需品。
- 计划和结果的沟通方法及沟通渠道。

拥有了完备的行动计划，接下来便是无缝执行这个计划，直到问题解决。

6. 第六步：验证问题是否被圆满解决

一旦解决问题的行动计划执行完毕，我们需要评估解决问题的效果是否达到要求。判断问题是否完美解决主要是检查：

- ❏ 行动计划是否对所有导致问题发生的原因都有效。
- ❏ 确保没有带来新的问题及隐患。
- ❏ 确保问题不会复现（需要多次验证）。

如果问题复现，需要分析原因并开启新一轮的问题解决之旅。

图 5-2 给出了一个很好的系统性地解决问题的框架，然而在运用这 6 个步骤去解决实际问题时，还需要负责问题解决的人员具有创造性、开放心态、团队精神、有效沟通等素养，否则即使熟悉了这 6 个步骤，在推动实际问题的解决时也可能会遇到很大的挑战。

小练习：请尝试使用系统化解决问题的 6 个步骤来解决一个你面临的问题，并分享解决的过程和结果。

5.2 创新项目选题

在 5.1 节中我们介绍了解决问题的方法。解决问题的能力固然重要，其实另一个更加重要的能力素养是如何去发现问题，即在生活、学习和工作中如何在好奇心和求知欲的驱动下去发现一些有意思的并且值得探索的问题。发现问题和选择问题是创新活动的源头，决定了创新活动的方向和目标。

发现问题的能力高度依赖于一个人的观察能力和思考能力，即是否可以看到别人容易忽略的东西，是否可以想到别人不容易想到的东西。从这个角度上说，养成认真观察和勤于思考的习惯非常重要。当然观察的源动力是一个人对世界的好奇以及对生活的热忱，否则很难有耐力和心境去体验生活周边点点滴滴的美好。细致的观察，辅以脑洞大开的关联、想象与思考，通常会带来很多意想不到的想法与发现。

第 5 章 系统化的问题探索

发现问题的另一个重要途径是比较。可以比较现状与理想状况，也可以在不同的实验结果、不同的方法、不同的物体、不同的人之间进行比较。通过比较发现异常、差距、规律，或者优化的目标，所有这些发现都有可能成为很好的创新课题的源头。

假如有若干个创新课题，我们通常该如何判断各个课题是否值得去做呢？图 5-3 给出了常用的一些判断创新课题意义和价值的自查问题。基于对这些问题的回答，我们可以比较清楚地了解某个具体创新课题的价值、意义及挑战。

- 为什么选择去解决这个问题？
- 解决这个问题的意义何在？潜在的受惠群体在哪里？
- 是否有他人解决过类似的问题？已经解决到什么程度？
- 解决这个问题的挑战体现在哪些方面？
- 问题的解决是否需要依赖于他人或者其他外部条件？
- 是否需要做潜在客户调查？

图 5-3 创新项目课题自查表

如果一个创新课题试图解决的问题从来没有人解决过，而且具有重要的意义，这样的创新课题无疑具有很高的创新性。在现实生活中，大多数的创新项目其实是对已经被研究过的问题进行进一步的探索，其创新点主要体现为对既有解决方法的改进或者增量创新。

一个典型的创新案例是 Intel Houdini 项目。在 2009 年左右，随着英特尔进入移动终端战略的推进以及安卓应用生态的迅猛发展，确保围绕 ARM 移动芯片开发的安卓应用能在基于 Intel Atom（英特尔凌动处理器）的移动设备上正确高效地运行成为那个年代的当务之急。对于不含 JNI

(Java Native Interface，即在 Java 应用的字节码中直接调用目标平台的本地代码)调用的纯粹安卓应用，英特尔凌动处理器上的安卓虚拟机能够直接把字节码转换成英特尔凌动处理器上的本地代码，从而顺畅地运行应用。然而，如果原来运行在基于 ARM 芯片的手机上的安卓应用包含 JNI 调用（即包含对 ARM 本地代码的调用），英特尔凌动处理器上的安卓虚拟机无疑需要一个特殊的机制去运行这些 ARM 代码。当时很多流行的安卓应用，特别是游戏，都包含了对 ARM 本地代码的调用，比较著名的有《愤怒的小鸟》(*Angry Birds*)、《水果忍者》(*Fruit Ninja*)等。英特尔的研发团队看到了这样一个问题，把原来研发的动态二进制代码翻译技术用在了从 ARM 到 Intel Atom 指令的动态二进制代码翻译上，开发出了 Intel Houdini，与英特尔凌动处理器上的安卓虚拟机无缝配合共同完成 ARM 上原生安卓应用在英特尔移动设备上的正确高效执行。

小练习：分享一个你认为比较典型的创新案例，并分析一下这个创新案例最初的创意是如何被找到的。

5.3 创新项目探索

如图 5-4 所示，一旦完成了创新选题（即确定了创新项目的课题），我们便可以进入对所选课题的详细探索，具体包含设计、实现与验证三个阶段，整个创新项目探索的目的是找到项目关键研究问题的具体解决方案，从而完成项目目标。

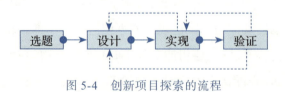

图 5-4　创新项目探索的流程

第 5 章　系统化的问题探索

1. 设计

在开始创新项目的设计之前，首先要做的一件事便是相关工作比较，即需要了解别人对同样的课题或者类似的课题曾经做过哪些研究。了解相关工作可以避免重复他人的已有工作，也可以帮助我们更加精准地定位自己工作的创新点及独特贡献。

基于对项目选题的理解以及相关工作的深入了解，我们可以开始设计解决方案。因为一个问题的解决可能有不同的方案，所以设计解决方案的过程其实就是对不同方案的权衡过程。在准确理解不同方案的优缺点的基础上，以符合项目要求为底线，在众多方案中选择一个最合理的方案并明确沟通之所以做出这个选择的折中点。对于那些解决已有问题的创新项目，方案设计是体现项目创新性的重要部分，需要体现提出的新方案跟别人解决同一问题的方案相比有什么独特之处。

2. 实现

解决方案的实现发生在方案设计之后，完整的高质量设计会让方案的实现便捷许多，然而方案的有效性呈现与其实现方法也有非常紧密的关系。从工程化的角度上说，方案实现的系统化、标准化、模块化、精准化、灵活性等是方案实现时需要考虑的因素。

方案的实现大多数时候是根据设计逐步完成的，但对于一些比较复杂的课题，可能有些细节问题在设计时很难考虑到，以至于在实现过程中相关的问题才开始暴露出来。如果碰到这种情况，很可能需要对方案设计进行相应的修改，这就是在图 5-4 中有一条从实现到设计的虚线的原因。

3. 验证

方案实现后的验证是确保方案质量的有效措施。首先验证计划的完备性，即确保方案的方方面面和各种临界情况都能够被验证到。验证所需的

第一篇　启航准备

实验环境需要兼具科学性、合理性与可重复性，实施验证时测试数据的选取也需要有典型性和代表性。此外，整个验证过程的中间过程数据以及结果数据也应收集完备，以避免漏掉重要的支撑数据。后期的过程数据和结果数据分析也要客观、合理，符合逻辑。

解决方案实施以后，也可以考虑找一些有代表性的用户参与验证测试，收集这些用户的第一手体验和反馈，并从中挖掘出方案的可提升点。

通过对验证过程中错误案例的分析，我们可以发现实现阶段甚至设计阶段的 bug，这就需要我们对方案的设计和实现进行更新，以提升方案的完备性、准确性及用户体验。

以自动驾驶的数字孪生仿真平台为例，项目的提出是为了降低自动驾驶的测试成本（减少实车现场测试）以及提高场景的覆盖度（通过仿真来生成现实生活中出现概率比较低的复杂测试场景）。方案设计时需要认真考虑仿真平台游戏引擎的选择、测试场景的覆盖（天气、路况、交通流、光照等）、传感器（摄像头、毫米波雷达、超声波雷达等）的仿真、自动驾驶引擎（感知、规划、控制）的接入、用户交互接口、平台的可扩展性等诸多设计选择，实现时还需要考虑模块间的依赖、平台整体的性能以及实车测试数据和仿真数据的对接。由于数字孪生仿真平台本身的研发目的是测试，方案的验证是一个极具挑战性的任务，除了要验证设计目标的达成度外，还需要跟实车现场测试的结果进行对比，以确保仿真平台的准确性及可用性。

一般在创新项目完成后，可以再系统化地挖掘一下项目的创新点。如前所述，项目所解决的问题本身、解决问题的方法、项目的应用场景、商业模式等各个方面都有可能存在创新点，我们可以发挥团队的力量，一起来挖掘所有可能的创新点，并用在后期的项目宣传和推广中。

> 小练习：请分享一个你亲身经历过的创新案例。

5.4 创新探索三要素

创新探索离不开下面三个要素的支撑：创新意愿（Willingness）、创新方法（Way）与创新见证（Witness），我们把这三个要素简称为WWW（见图5-5）。

图5-5 创新探索三要素

1. 创新意愿

创新探索无疑是一个漫长而且艰辛的过程，需要付出时间和努力。其实，从事创新探索最重要的是，需要具有强烈的创新意愿。这个意愿是激发创新者去观察世界和发现问题的内驱力，是支撑创新者在面临艰难与挑战时能够坚持下去的精神支柱，也是赋予创新者勇气、耐心和灵感的重要源动力。

2. 创新方法

创新探索需要掌握最基本的实践方法，这个方法其实就是一个阅读

（Read）、思考（Think）与行动（Do）的循环迭代过程。大量的阅读与思考不但有助于发现问题（比如发现既有解决方法不够完善、存在优化提升空间），也有助于形成解决问题的框架与思路（比如发现值得借鉴的地方）。探索中很重要的一点是动手去做，即通过行动去设计、实现与验证。在做的过程中可能会碰到不少原来没有考虑到的问题，或者意想不到的挑战，这又需要通过进一步的阅读和思考去找到解决问题的方法。如此往复不已，直到完成创新探索。

3. 创新见证

任何创新探索都需要留下文字见证，这个文字见证可以是技术报告、项目总结、专利申请、论文发表或者是著作权等。留下文字见证既是对创新探索的总结，同时也是对整个项目的梳理和验证的过程，极有可能在留下文字见证的过程中又发现创新探索过程中的一些缺点和不足，从而找到进一步优化的空间。

小练习：为了确保创新探索的顺利进行，你觉得还有什么因素是至关重要的？

5.5 归纳总结

创新见证作为创新探索的三要素之一，其本质是创新项目的归纳总结过程。不管采用什么形式来归纳总结，其目的都是让别人清晰地了解我们所做的创新项目并对我们在整个项目中所做的扎实的工作留下深刻的印象。为达成这个目的，我们需要遵循一些常用的方法和实践。大致来说，我们可以采用图 5-6 所示的逻辑模板来进行组织。

归纳总结一般从一个简明扼要的问题描述开始。如果没有清晰的、简

第 5 章 系统化的问题探索

洁的问题描述，别人很难理解创新活动所解决问题的重要性。对于我们在创新活动中所解决的问题，大概率存在一些相关工作，所以归纳总结的下一步便是系统性地梳理和总结前人的相关工作。只有基于对别人已有相关工作的完整调查以及对他们解决问题所做折中的充分理解，我们才能对自己创新活动中的独特贡献做出有效合理的断言，项目的创新点才更容易被理解。在总结完问题描述和相关工作之后，接下来需要描述的是我们自己的解决方案细节。当然，这里的方案细节主要指方案中的关键元素 / 模块 / 组成部分，与相关工作相比的主要差异，以及问题探索过程及方案形成过程中的关键折中。这一部分总结的主要目的是让别人了解方案本身的规范性、合理性及创新点。实验部分是让别人信服方案质量的关键，需要清楚地描述实验设置的科学性与公平性、实验原理的正确性，以及实验数据的准确性。实验数据需要很好地支撑创新项目的发现、结论和断言。对于一些异常数据[⊖]，我们必须给出合理的解释。此外，与相关工作的实验对比也非常重要，这是最直观地显示方案质量及效果的支撑数据。最后，需要对整个创新项目进行简单的总结并分享未来对项目可能进行的一些改进和增强工作。

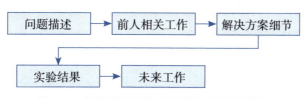

图 5-6　创新项目归纳总结的常用逻辑模板

图 5-6 所示的逻辑模板除了可以用来撰写创新项目总结，也可以用来撰写论文、技术报告等。另一件需要注意的事情是：我们对同一个创新项目的总结需要有"多个版本"。因为我们可能需要在不同的场合介绍创

⊖　太好的数据或者太差的数据都是异常数据。

新项目,根据给定时间的长短,我们必须在限定的时间内把项目讲清楚。所以我们需要掌握可伸缩的项目介绍方法,围绕项目的关键信息(Key Message),让听众在有限的时间(不管是 30 分钟还是只给 5 分钟)内清晰地了解项目。给的时间长的话就多讲一些,给的时间短就少说一点,但不管时间长短,都需要让听众记住项目的关键信息。对大多数人来说(特别是技术研发人员),在非常短的时间内把项目说清楚是一个挑战,这需要长期的系统性的实践和总结。

小练习:请利用本节介绍的方法对你近期的创新项目或论文、技术报告等进行归纳总结。

5.6 自我展现

在很多场合,我们需要面对面地向别人介绍我们的创新项目,比如说创新项目答辩、项目展示、创新分享会等。在介绍创新项目时,个人或者团队的优异表现往往会给项目本身"加分"。

项目介绍的过程同时也是一个自我展现的过程,一个通过演讲及互动来沟通和传达信息的过程。同时,我们的探索研究能力、对待科学和工程的态度,以及在项目介绍过程中展现出来的自信、口才等,都会在无形之中影响别人对项目本身的判断。图 5-7 给出了介绍项目时我们应该展现出来的一些专业素养,可以作为素养提升的目标。

• 敏锐的观察力	• 执着的探索	• 缜密的逻辑
• 客观的态度	• 清晰流畅的表达能力	• 快速的学习能力
• 丰富的想象力	• 卓越的解决问题能力	• 准确的数据分析与解释能力

图 5-7 介绍项目时应该展现的专业素养

第 5 章 系统化的问题探索

在现实生活中，很多时候我们和我们所从事的项目密不可分。平时说起某个人，大家很容易会联想到这个人以前以及现在所做的项目；说起某个项目，大家也会联想起项目有关的关键人物。从某种角度上来说，人和项目是一个互相背书的关系，这也是很多天使投资人在决定是否投资某个项目时会花很多时间去考察每个创始合伙人的主要原因。我们所需要做的就是在不同的场合都优雅地展现自己的专业素养，给自己树立好的口碑与形象。

图 5-7 所罗列的专业素养，值得我们持续去培养和提升。有些素养乍一看似乎跟天赋相关，比如想象力，但对于同一个人来说，有意识地去学习、培养和实践，假以时日，想象力的丰富程度、思维的缜密程度、探索研究的专注程度等诸多素养都可以获得显著的提升。总之，这些素养是可以通过反复实践去逐步提升的。作为创新项目的参与者，除了充满热忱、专注细致地完成创新探索之外，我们平时需要刻意提升自己的素养短板，并积极主动地与他人进行沟通和交流，成为创新项目的推广者和传播者。

小练习：对照图 5-7，请你认真分析一下自己在哪些素养方面具有优势，又在哪些素养方面需要提升。

5.7 本章小结

系统化的问题探索和解决是获得能力提升的有效途径，也是每个人成长的必经之路。懂得如何去发现问题和选择问题跟掌握问题解决的系统方法同等重要，甚至更加重要。本章介绍了问题解决的 6 个步骤以及如何策划创新项目选题，并进而介绍了创新项目探索的流程及创新探索三要素。在系统化的问题探索过程中，我们需要同步提升归纳总结能力和自我展现能力。

第一篇 启航准备

思考题

请读者分析自己在发现问题、系统性地解决问题、归纳总结以及自我展现等方面的能力水平。如果需要进一步提升，那么哪些能力的提升对自己的成长比较关键？

第一篇

总　　结

在这一篇中，我们介绍了自我探索的必要性、技能分类以及一些自我探索的方法，分享了人生的 EUI 模型。同时讨论了成功和成长的关系，指出自身持续的成长并培养出自己的核心竞争力就是我们最大的成功。以自我成长作为人生目标，围绕这个目标的实现需要做好清晰的折中和规划，做好时间管理并掌握系统化的问题探索方法。人生目标的实现需要付出终生的努力，只有通过持续的探索才能获得不断的成长。事业启航最重要的准备就是理解"探索不止、成长不息"的道理，在持续的自我探索过程中实现自己的茁壮成长，即 Iteratively Explore, Embrace and Enjoy(IEEE)！

第二篇

职业选择

在校的同学们毕业后终有一天需要踏上工作岗位去从事某种职业，而新的工作岗位可能是在政府部门、事业单位，也可能是在企业，并且从事的职业也可能包罗万象。

外面的世界丰富多彩，提供的职业机会也种类繁多，在选择未来的职业时，我们需要做哪些思考？选择好目标职业后又该如何准备简历和面试？面试过程中需要注意哪些问题？收到 offer 以后又该如何抉择？所有这些都是本篇重点讲述的内容。

第 6 章

职 业 匹 配

找到一份适合自己的职业不但需要拥有清晰的自我认知和准确的自我定位，也要对职场上能提供的各类职业有基本的了解，并基于对上述两方面的认知进行适合度匹配，从而找到自己喜欢并愿意为之拼搏的那份职业，进而在职业发展过程中实现自己的全面提升。

6.1 用人单位想找什么样的毕业生

虽然我们国家每年都有一千万左右的学生（包括本科生、硕士研究生和博士研究生）毕业，很多用人单位每年也都有大量的招聘需求，然而我们还是听到很多用人单位在抱怨：每年这么多毕业生，怎么适合我们单位的候选人还是这么难找呢？无独有偶，同时抱怨的也有很多应届毕业生：这么多心仪的单位，怎么没有哪家单位愿意给我发 offer 呢？这些现象令我们感到好奇：究竟是什么原因导致这个关于招聘和求职的困局呢？作为求职者的学生，又该如何去找到一份适合自己的工作呢？"

首先，我们需要了解用人单位希望找到什么样的毕业生。通常来说，用人单位基本都会从能力、动力和潜力三个方面来对候选人进行判断（见

图 6-1），看候选人是否符合用人单位的要求。

图 6-1 用人单位对候选人的基本要求

以下是对能力、动力和潜力的大致阐释，三者都具备的候选人无疑是最佳候选人。

- 能力：指用人单位要求具体岗位的候选人必须具备的用专业技能解决具体问题的能力，即岗位的专业知识技能和专业胜任力。
- 动力：指候选人的自驱力，以及面对挑战和未知情形时候选人内心的热忱与渴望，同时也包括候选人加盟公司及团队的意愿。
- 潜力：指候选人在用人单位职业发展的潜力，即候选人在用人单位获得成功及成长的可能性的高低，同时也是对候选人未来能否为公司做出更大贡献的潜力的评估。

从上面的解释可以看出，这里的能力主要取决于专业知识技能，而动力和潜力主要取决于通用技能和自我管理技能。然而，上述三个"力"都很强的候选人在现实生活中并不多见。如果候选人 A 能力很强但动力和潜力不足，而候选人 B 的潜力和动力比较大不过能力稍有欠缺，那用人单位一般会做何选择呢？ 如果是一个比较注重长期回报的用人单位，大概率 B 会被选中，因为如果具有很强的动力及很高的潜力，专业能力的提升相对来说会容易一些。而且候选人 B 的动力和潜力除了能够帮 B 快速提升专业能力外，也能更有效地助力用人单位的长远发展。当然，如果用人单位更注重的是短期目标的完成，那么 A 有可能被雇用，毕竟对于目前的工作来说，A 可以快速胜任。从上述的分析我们也可以看出，不同的企业（或者同一企业在发展过程中的不同阶段）在招聘同一岗位的员工时很可能会有不同的考虑。

6.2 用人单位的简单比较

用人单位包括企业、个体经济组织、民办非企业单位、国家机关、事业组织和社会团体等。其中，企业是指中国境内的所有企业，包括法人企业和非法人企业，国有企业和非国有企业，内资企业和外资企业；个体经济组织是指经工商登记注册、招用雇工的个体工商户；民办非企业单位是指企业事业单位、社会团体和其他社会力量以及公民个人利用非国有资产创办的，从事非营利性社会服务活动的社会组织；国家机关、事业组织和社会团体是指通过劳动合同与工作人员建立劳动关系的单位。从高校毕业生的求职情况来看，企业和国家机关及事业单位的求职人数比较多，其中尤以企业为甚。

不同的用人单位通常具有不同的规章制度、不同的管理方法、不同的单位文化以及不同的工作氛围。以企业为例，一般认为国企的工作比较稳定，福利保障不错，工作也相对轻松。然而国企由于受体制影响，办事效率及个人发展方面可能是很多求职者的主要担忧点。民企的机制很灵活，做得好跟做得一般的待遇可能会相差很大，然而工作强度较大，工作稳定性也没有保障。至于外企，一般被认为管理理念先进，文化比较开放，工作和生活也能获得比较好的平衡。然而毕竟是外国企业，国内的分公司或者分部缺乏重要决策的决定权，而且由于分工太细，员工在外企工作时间长了很容易成为只会做某个细分岗位工作的"螺丝钉"。如上的这些阐述只是大致的比较，不涉及个案，但意味着不同的选择蕴含着不同的折中，

第6章 职业匹配

我们在做职业规划及职业选择时需要明白这些折中。

很多同学同样感兴趣的是创业公司和成熟企业之间的对比，表6-1列出了创业公司和成熟企业的优缺点，可以作为职业规划与职业选择时的参考。

表6-1 创业公司和成熟企业的优缺点

企业类型	优点	缺点
创业公司	工作灵活性强，锻炼机会多 一人多能，技能锻炼幅度大 业务一般会很新，成长空间很大 工作环境一般相对简单 年轻人为主，容易脱颖而出 沟通环节少，速度快 一旦成功较容易实现财富自由	非常依赖于创始人的经验和能力 制度、流程还在建立期，管理不规范 培训不健全，职业发展路径随意性大 压力大，工作强度高，不确定性强 同事素质参差不齐，人员流动性大 分工不明确，沟通不畅的话容易造成重复工作 短期内无法盈利，企业风险较大
成熟企业	公司业务趋于稳定，经营计划性强 分工明确，目标明确，各司其职 管理规范性强，有明确的制度流程 公司相对稳定，倒闭或破产的可能性相对较低 同事整体的专业度及能力较强 个人职业生涯路径清晰，培训完善 有较成熟的信息化管理水平	工作环境难免复杂 优秀同事多，员工稳定性强，较难崭露头角 除非个别新兴行业，收入一般不会有突破性的改变 业务稳定，流程稳定，工作重复性强 跨部门沟通比较困难 流程长，工作协调周期较长 工作习惯偏向固化，较难改变

> **小练习**：你觉得自己适合什么样的用人单位，觉得自己适合成熟企业还是创业公司？

6.3 我的职业我做主

在讨论职业选择的考虑因素之前，让我们先明确一下工作和职业的区别。在日常生活中，很多人把工作和职业混为一谈，因为"找工作"已经成为我们的口头禅，对于很多人来说，工作就是职业，职业就是工作。其实并不然，职业是指一个人愿意用其人生中的很大一部分时间去追随的、一件自己热衷并乐于从事的事情。一个人可以规划自己的职业并朝着自己的职业目标稳步前行，所以职业相当于一条通向人生目标的路，是一个长期的实现人生梦想的过程。而工作相当于在一个时间段内为实现自己的短期目标而必须经历的一段旅程。一份工作的目标可能是职业目标的一个子目标，也可能跟职业目标没有关系，只是在某个时间点由于实际情况的需要而决定暂时拥有的一段经历（见图6-2）。

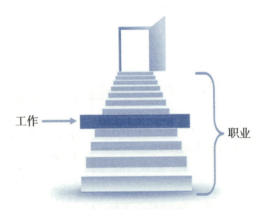

图6-2 职业和工作的关系

比如说，如果一个人的职业目标是拥有自己的企业，他可以一踏入社

第 6 章 职业匹配

会就创业，也可以先在一个大公司找份工作，学习大公司的管理制度与方法，若干年后再去一个创业公司工作，近距离地体验如何创业，然后再去创办自己的公司。

职业跟自己的人生目标相关，职业目标可能会被实现，也有可能终其一生也不能被实现，但即使职业目标最终没有被实现，我们也可以通过合理的规划和不懈的努力逐步逼近自己的职业目标，并在这个过程中收获属于自己的成长。

市面上的工作机会很多，每一个应届毕业生首先需要通过自我探索确定自己的职业目标，然后再根据自己的职业目标和自身状况来选择第一份工作。

在选择工作时，我们可以基于对业界发展趋势的理解，选择一个有潜力和拥有广阔未来前景的赛道及公司，从而有机会融入时代的洪流去从事一件有意义的事情。明确工作的意义是一件非常重要的事，而且这份意义也可能进而把一份工作延续成一份理想的职业。热爱自己的工作而且充满激情，并且朝着跟工作一致的职业目标不懈努力，也会使职业目标的实现变得更加容易。如下这个管理学上的经典故事充分说明了这一点。

山脚下准备建一座教堂，有三个石匠在干活。一天，有人走过去问他们在干什么。第一个石匠说："我在谋生。"第二个石匠一边敲铁锤一边说："我在做全国最好的石匠工作。"第三个石匠抬头望着天空，眼睛中有梦想的光芒，并说："我在建造一座大教堂。"10 年之后，第一个石匠手艺毫无长进，被老板炒了鱿鱼；第二个石匠勉强保住了自己的饭碗，但只是普普通通的泥水匠；第三个石匠却成了著名的建筑师。

我们在做职业选择时，又有哪些因素会影响我们的决定呢？下面列举了常见的几个因素：

- 公司：每一个公司在学校开宣讲会时，不管是有关公司的宣传内容还是公司派来参加宣讲会的人员所展现出来的专业素养，都可能对我们有很强的影响。在社交宣传媒体及公司官网上也可以找到不少公司的介绍，其中有些公司的相关信息还是挺吸引人的。这些都会对我们的职业规划及选择产生影响。
- 家庭/亲戚：父母、兄弟姐妹和其他亲戚会基于他们的认知和经验，跟我们分享他们心目中的理想职业以及对我们未来职业的期盼。很多时候他们的逻辑其实很简单：找一份体面且稳定的工作，知名大公司是首选，毕竟这些公司能够提供比较优厚的福利待遇。
- 同学/朋友：身边的同学和朋友当然也会根据他们自己的求职经历及对职业市场的了解热心地为我们提供信息和帮助。他们会把心目中的好职业与好公司跟我们分享，或者表达希望一起加盟同一公司的意愿，所有这些都会让我们一时难以抉择。
- 自己：我们每个人自然对自己的未来职业有诸多设想，基于自我探索也可能已经确定了一个初步的职业目标。

在众多的影响因素中，我们每个人的兴趣、天赋、技能、梦想以及我们期待的生活方式及生活目标应该是决定性的因素。职业是我们每个人生活的一部分，我们有责任和义务确保这份职业跟我们内心的需求更好地贴合，只有这样我们才能成为自己职业发展的主人！

小练习：你在做职业选择时最可能受哪个因素的影响？

6.4 职业目标的自我探索

既然我们是自己职业发展的主人，而第一份工作是通向我们职业目标的第一站，我们需要一个系统化的框架来选择毕业后的第一份工作，尽量

第6章 职业匹配

找到一份理想的工作，进而在未来的职业发展中走得更加顺畅。

图6-3罗列了一些具体的问题，针对这些问题的思考可以帮助我们逐步明确自己的理想工作是什么。

你的理想工作是什么？	1. 你的理想工作是什么？属于哪个产业？具体是哪家公司？ 2. 你知道这份工作的具体细节吗？常规的工作量有多大？这份工作需要什么样的工作态度、知识和技能？每日工作的时长？这份工作的优缺点？ 3. 如果你不知道这份工作的具体细节，你可以通过什么渠道来了解呢？是通过公司招聘专员、公司员工、招聘网站、广告，还是通过亲朋好友？ 4. 当你了解这份工作的具体细节后你还会觉得这是一份理想工作吗？
为什么觉得这是你的理想工作？	1. 你认为这份工作是理想工作的原因是什么？ 2. 这份工作匹配你的个性、兴趣和专业吗？如果从事此工作，你能够在工作、社交和个人生活间获得平衡吗？这份工作跟你的长期职业发展目标一致吗？ 3. 如果在未来的1～3年内从事这份工作，你为什么会觉得开心并有成就感呢？ 4. 你会考虑3年之后的其他长远目标吗？
你适合这份工作吗？	1. 你了解提供这份工作的公司及其所属行业的文化吗？ 2. 你是否觉得这份工作的企业文化跟你的个人价值观相符？ 3. 这份工作跟你对工作、社交及精神生活的短期及长期目标相一致吗？

图6-3 理想工作的探索

从图6-3中可以看出，理想工作的探索其实是一个匹配的过程，也就是把工作内容、工作职责、工作单位跟自己的兴趣、专长、技能、理想、人生观、价值观等进行适度匹配。在这个过程中，了解工作相关的信息与了解自己同样重要，而了解工作相关的信息有时也需要依赖于自己的社交圈子。从这个角度上说，平时注意拓展自己的社交圈子（特别是与诚信可靠的人建立连接）很有必要。以自己的第一份工作作为起点，怀着最终找到一份幸福快乐的职业的希冀在通向自己职业目标的道路上砥砺前行，这是我们大多数人的职业生涯之路。

简单来说，一份幸福快乐的职业可以用图 6-4 中三个圆圈的交集来描述：它既是我们心中的热忱所在，是我们喜欢做的事情；同时也能充分发挥我们的专长，是我们擅长做的事情；此外，它也是公司、部门和团队的需求。如果我们在一生中有幸找到了这样一份职业，那将是一件非常幸福的事情。即使由于各种原因暂时没有找到，也不妨碍我们把找寻这样一份职业作为长期目标，图 6-4 同时也给我们描绘了很重要的职业找寻框架和方向。

图 6-4　幸福快乐的职业

在《幸福的方法》[8]一书中，泰勒·本-沙哈尔（Tal Ben-Shahar）介绍了一个跟图 6-4 相似的 MPS 模式（见图 6-5），即意义、快乐和优势。MPS 模式建议我们问自己以下三个关键问题：什么能带给我意义？什么能带给我快乐？我的优势是什么？要注意顺序。然后仔细思考一下自己的答案，找出其中的交集，这样的职业就是最能使我们感到幸福的职业。

图 6-5　MPS 模式

第 6 章 职 业 匹 配

正如在本书第一篇中我们所说的：人生目标的实现需要付出终生的努力，持续的探索才能获得不断的成长。同样的道理也可以用在对职业目标的探索上。有些人的职业探索过程比较顺利，但大多数人的职业探索过程会比较曲折。我有一位美国朋友，因为高中时科学、数学、技术和工程学得比较好，同时对文科也充满好奇，所以读大学时选择了英美文学史专业。本科读了几年后才发现自己内心喜欢的还是理工科，于是本科毕业后成功申请了美国一所著名大学计算机系的博士攻读项目。他拿到计算机博士学位后留校任教，同时开了一家软件公司。后来他的公司被一家全球500强企业收购，收购后因为喜欢中国又从美国转岗到了这家公司在上海的研发部门。三年后他离开公司又回到美国的一所大学去做副教授，执教两年后突然去北京做了北漂，玩了近五年的音乐。最后他还是回到了IT界，又创立了一家新的软件公司。他的职业探索之旅真是跌宕起伏，刺激又精彩。其实只要一直在探索的路上，我们的收获和成长本身足以成就一段无悔的人生。

6.5 本章小结

职业选择跟每个人的人生目标紧密相关，理想的职业应该跟自己的兴趣、专长、技能、理想、人生观、价值观等产生高度的匹配。本章介绍了用人单位的类型以及用人需求，同时介绍了职业和工作的区别以及对自己的职业目标进行自我探索的方法。职业是我们每个人生活的一个重要组成部分，做自己职业发展的主人，通过持续的探索找到并拥有一份幸福快乐的职业是我们毕生的追求。

思考题

请读者按照图 6-3 中理想工作的探索方法来探索以下三个问题的答案，

同时参照图 6-4 和图 6-5 来判断自己探索出来的理想工作是否跟心目中幸福快乐的职业保持一致。

- ❏ 你的理想工作是什么？
- ❏ 为什么觉得这是你的理想工作？
- ❏ 你适合这份工作吗？

第 7 章

简 历 撰 写

确定好自己的职业目标，然后再确定与实现职业目标相关的若干个心仪单位及相关岗位，接下来我们需要做的便是撰写简历。简历的质量在很大程度上决定了我们是否有机会进入面试，掌握常用的简历撰写技巧能够让我们撰写出更加简洁美观的简历，并让我们在招聘人员心目中留下深刻的印象，从而拥有更多的面试交流机会。

7.1 招聘人员关注的关键信息

简历的主要作用是信息传递，即把候选人的信息快速有效地传递给招聘人员，希望招聘人员在看完候选人的简历后能够对候选人有全面了解，觉得此候选人是潜在的合适候选人，并给予进一步面试的机会。

在现实生活中，很多人的求职简历写得比较粗糙，没有把有关自己的关键信息以比较合适的方式表达出来，图 7-1 是招聘过程中来自企业招聘人员的几个典型反馈。

作为简历撰写者，我们首先需要理解的是招聘人员希望从我们的简历中发现什么有价值的信息，然后再决定如何整理信息，把招聘人员感兴趣的信息在我们所撰写的简历中清晰并优雅地展现出来。

> - "有些简历（特别是那些理工科学生的简历）包含了太多深奥难懂的技术细节，比如说有一个化学系的学生用有机化合物术语详细描述了他从事过的所有化学项目。这些项目的确非常不错，但跟他所申请的职位毫不相关。"
> - "我真的不明白为什么这么多候选人在递交简历前不花时间仔细检查一下自己的简历，那些排版、语法、文字方面的低级错误以及信息的不一致性不是应该很容易就可以检查出来的吗？"
> - "这些简历显得太冗长了，通常我只关注简历第一页的内容！"

图 7-1　招聘人员对简历的反馈示例

通常来说，招聘人员在筛选应届毕业生的简历时，会比较关注如下这些信息：

- 毕业院校及专业：有些单位对候选人的毕业院校及所学专业有一定的要求，这个信息对于应届毕业生的简历来说是必须交代清楚的。

- 学习情况：主要包括平均绩点（GPA）、年级排名、奖学金获得情况、竞赛参与和获奖情况、是否有论文发表记录等，这些信息是证明一个学生在校学习表现及学习能力的主要数据来源。

- 项目经验：这里的项目可以是各种各样的项目，包括课程项目、实验室项目、双创项目、实习项目等。如果参与的项目比较多，我们不需要罗列所有项目，但可以选取那些有代表性的并且能够充分展现我们独特个人竞争力的项目，特别是那些涉及用人单位感兴趣的知识、技能等的项目。

- 社会实践：指候选人在校学习期间曾经参与过的各类社团活动、志愿活动、单位实习等，以及候选人在这些活动中所担任的角色、完成的任务及取得的成果。

- 业余爱好：候选人在学习与工作之外喜欢参与的各类文体活动以及

打发空闲时间的各种方式，招聘人员通过这些信息大致了解候选人在工作之外的生活状况，并以此大致判断候选人是不是一个有趣的人。

在校园招聘时，优秀的企事业单位通常会收到大量的应聘简历，这意味着招聘人员可能只会花几秒钟的时间来看我们的简历并做出是否通过简历筛选的决定。这听起来似乎很不可思议，但的确就是事实。这也要求我们在撰写简历时，把"引起招聘人员的兴趣"作为一个目标，让招聘人员能够在非常短的时间内通过简历认可我们跟招聘岗位的匹配程度，并发现跟其他应聘者相比我们所具有的核心竞争力。

7.2 如何撰写简历

为了让简历"脱颖而出"，我们需要让所撰写的简历能够吸引招聘人员的眼球。当然，简历上的信息都应该以尊重客观事实为基础，不能为了吸引眼球而杜撰信息。通常来说，按照如下三个原则撰写的简历更容易给招聘人员留下好的印象。

- 把最重要的成就放在前面：如前所述，每个招聘人员花在每份简历上的时间非常有限，因此应确保他们打开简历时一眼就能看到我们最重要的成就。
- 粗体字只用在必要的地方，不能滥用：只对真正需要强调的关键成就或者关键数据加粗体，加粗的信息千万不要太多（一般不超过3处），否则很可能会适得其反。
- 限制基本资料的篇幅：不要花太多的篇幅去描述自己的个人信息，把简历上有限的空间留给那些能够凸显自己才能的关键信息。有些信息如果不能凸显自己的优点、技能和特长，尽量简化或者删去。

简历的内容需要覆盖 7.1 节中所介绍的那些关键信息。虽然简历的模板千差万别,但大致都应遵循如下的布局顺序:

- **联系信息**:主要包括姓名和联系方式(手机号、微信号及电子邮箱),需要确保这些信息的准确性,以避免关键时刻招聘人员联系不上我们。
- **教育/培训经历**:包括学校、专业、研究领域、成绩等,也可以包括与求职岗位相关的辅修专业、在线课程及其他相关培训。
- **工作经历**:包括从事过的工作,以及相关的贡献,这些工作经历可以是实习、义工或者在学校实验室的助研工作,所列的工作经历需要和应聘岗位具有一定的相关性。
- **荣誉/获奖**:在校期间获得的各类奖项,包括奖学金、学科竞赛奖励以及学校及社会上的各类活动奖励。
- **专长/证书**:可以列出有助于履行应聘岗位职责的相关专长和技能,比如语言专长、计算机水平以及其他相关的技能证书等。
- **兴趣爱好**:包括我们在业余时间热衷做的事情,可以是各种爱好,也可以是公益活动,或者在业余时间参与的各类项目。

从简历格式的角度来说,下面是提升简历可读性与视觉效果的几点建议。

- **篇幅**:把简历限制在一页之内,也就是说只需要把跟所申请的岗位相关的信息呈现在简历上,而且做到一目了然。这其实需要我们具有对具体信息的高度概括能力,不但需要抓住重点,而且需要用简洁的文字把重点信息清晰地表述出来。
- **字体/字号**:在字体方面,确保撰写简历所用的字体是常用且易读的字体,避免用一些非标准的花哨字体,因为招聘人员的计算机上很可能没有安装那些非标准字库,从而导致我们的电子简历根本无法正常显示。另外需要避免把太多的文字加粗及添加下划线，这会让整个简历看起来有点杂乱。最后，我们需要选择合适的字号，字号太小招聘人员看起来会很吃力，如果写满一页，会显得内容太多并且拥挤；字号太大则会让这份简历的整体信息量显得太少。

- 排版：在简历的排版方面，段落之间和行之间需要保持一定的空隙，以避免文字挤在一起；同时也要留足页边距，让整页简历有舒适的空间感。如果简历是以电子版提交的，页边距太小的话很可能会导致招聘人员无法正确打印简历，从而在招聘人员那里留下不好的印象。

在撰写简历时，我们可以挑选一些符合自己个性的比较美观的简历模板，以提升简历的整体视觉效果。有一点需要强调的是，简历上所有的信息都必须是真实准确的，任何不真实的信息都会被认为是简历造假，而简历造假所带来的诚信问题将对一个人的职业生涯带来非常负面的影响，毕竟几乎所有的单位都不愿意去招聘一个诚信上有污点的候选人。

用一句话来概括：一份简历不仅需要在内容简洁的同时囊括关于候选人的所有关键信息，同时还需要拥有令人舒适且清晰明了的视觉呈现，让招聘人员一眼就能从简历中找到他们感兴趣的内容。图 7-2 是一份写得不错的学生简历。

7.3 简历撰写常用技巧

简历撰写除了需要遵循 7.2 节所介绍的通用原则外，还可以用到其他一些常用技巧以提升简历的有效性。

XXX 电话：（+86）###-####-#### ｜ 邮箱：####@gmail.com
教育经历
华东师范大学　　　　　　　　　　　　　　　　　　　　　　　　　　　　　20xx.9 至今 **本科 ｜ 数据科学与大数据技术** - 平均绩点：3.70/4.0（加权均分：87.68/100） - 优秀学生一等奖学金，学院优秀学生 - 相关课程：当代人工智能、计算机视觉、统计方法与机器学习、数据科学与工程算法、统计与数据分析基础 加州大学洛杉矶分校　　　　　　　　　　　　　　　　　　　　　　　　　20xx.10—20xx.12 **数据科学证书项目** - 所有 4 门课程均为 A+/A，获得荣誉称号 - 相关课程：机器学习、探索性数据分析和数据可视化、大数据管理系统
工作经历
自动驾驶预测算法实习 ｜ 上汽人工智能实验室　　　　　　　　　　　　　　　20xx.1 至今 - 对自动驾驶障碍物预测模块的轨迹预测的结果评估算法进行文献调研 - 对 ROS 进行解包，使用 Python 独立实现 ADE 和 FDE 两项指标的度量工具，并已落地使用 统计方法与机器学习本科生必修课程助教 ｜ 华东师范大学数据学院　　　　　20xx.7—20xx.12 - 参与设计了 3 个 Python 实验课课件并指导实验课程，内容主要涉及方差分析以及线性回归 - 对学生的理论和实验作业进行评分
项目经历
基于深度学习的 CTR 预测模型的分布式训练 ｜ 毕业论文　　　　　　　　　　20xx.11—20xx.4 - 使用 TensorFlow 实现了集中式 Embedding&MLP 的点击率预测模型的构建 - 使用 PySpark 完成大规模数据的预处理，使用 Ray Dataset 和 Ray、Train 提高模型训练速度，实现了分布式、可扩展的 CTR 预测模型 - 通过百万数据量的点击日志数据对集中式模型和分布式模型的训练性能进行测试、比较和调优，目前部署 3 台云服务器时，与集中式模型相比获得 44% 的训练速度提升 德英新闻机器翻译　　　　　　　　　　　　　　　　　　　　　　　　　　20xx.11 - 在 PyTorch 中实现了 Seq2Seq 模型，分别使用 GRU 和 LSTM，解决德语新闻到英语的机器翻译问题 - 使用 164 万句子训练模型，进行参数调整和模型比较，在测试数据集上获得最终 BLEU 值 43%
竞赛及获奖
国家一等奖 ｜ 全国大学生数学建模大赛　　　　　　　　　　　　　　　　　　20xx.12 - 用 Python 实现了 Dijkstra 算法，用于解决给定地图中的最短距离问题。使用贝叶斯估计和最大似然估计来预测天气和物资状况。与小组成员合作完成论文写作 国家一等奖 ｜ 全国高中数学联赛，ZZ 赛区　　　　　　　　　　　　　　　　20xx.10
技能及兴趣
- 技能：Python,C /C++,scikit-learn,PyTorch,TensorFlow,SQL,PySpark - 爱好特长：芭蕾（每周 4 小时基训）、活动组织（有合唱、健美操、朗诵、武术、小品剧等各类节目编排经验）

图 7-2　简历示范

第 7 章 简 历 撰 写

首先，在撰写简历时我们需要多用行为动词，这样会给看简历的招聘人员一种更加正面积极的感觉，能表明我们就是简历上所描述事情的真正完成者（在阅读英文简历时会有更加明显的感觉）。以图 7-3 中的两个句子为例，a 句子中的主语缺省是简历撰写者（"我"），即用一种简单直接的方式强调简历撰写者提升了 20% 的部门销售额；而在 b 句子中，虽然也能从句子中看出是简历撰写者帮助部门提升了 20% 的销售额，但句子的主语是部门销售额，而且句子变长了，也没有 a 句子那么易读。

> a. Increased the department's sales by 20%.
> b. The department's sales were increased by me by 20%.

图 7-3　使用行为动词的例子

其次，在描述自己的经历和贡献时，养成用 STAR（Situation、Task、Action 及 Result，状况、任务、行动及结果）法则（见图 7-4）来组织文字的习惯。在描述结果时，尽可能采用具体量化的方式，以便招聘人员能够对结果的影响拥有更加明确的认识。应用 STAR 法则可以让招聘人员理解关于你的某个经历（或贡献）的完整故事，而不只是职责的罗列。简而言之，STAR 法则就是一种讲述自己故事的方式，或者说，是一个清晰、有条理的作文模板。不管描述什么，合理运用此法则，可以很好地在简历中用一个合理的逻辑来描述事情，从而凸显自己分析阐述问题的清晰性、条理性和逻辑性。

假设你曾经帮助父母的服装店摆脱困境，下面是运用 STAR 法则来描述这段经历的一个示例：

遏制了服装店销售量长期下降的趋势并大幅度实现了利润提升。管理 15 名雇员，发起了一个历时 30 天的市场营销活动，与供应商达成更优惠的进价协议，最终获得 20% 的平均年利润提升。

图 7-4　STAR 法则

下面是运用 STAR 法则的另外一个示例：

为了解决 Intel 编译器不能编译 Linux 内核的问题，详细研究了 Intel 编译器与 gcc 编译器的兼容性，并带领团队和 Linux 内核团队合作，通过修改 Intel 编译器成功地让 Intel 编译器能够编译 Linux 内核并通过编译优化取得了 15% 的性能提升。

还有一个我们必须掌握的简历撰写技巧是简历定制化，即我们应该针对不同的应聘单位定制不同的简历版本。将同一份简历投递到不同的应聘单位是应聘者的大忌，即使是应聘同一个单位的不同岗位，也建议用不同版本的简历。不同用人单位有各自不同的文化及业务重点，不同的岗位对候选人的技能和素质要求也大概率不同，比如说对运营人员的技能要求和对研发人员的技能要求就很不一样，对人事专员的要求跟财务专员的要求则差别更大。因为我们需要让招聘人员通过简历感受到我们和相应岗位的高匹配度，所以在递交的简历上应着重强调那些跟所应聘岗位相关的经验和技能，这是一种非常合乎逻辑的实践。比如说一个有管理经验的技术研发人员，他申请管理岗位时就需要在简历中的各个地方把管理方面的技能、经历、经验及成就展现出来；如果他申请的是一个资深技术岗位，那在简历中必须突出技术专长、项目经验、攻克过的技术挑战等。

最后，我们要养成<u>认真检查</u>的习惯。简历写好以后务必反复阅读，确保自己的简历没有错别字，没有语法错误，没有错用标点符号，没有排版格式方面的问题。不要让招聘人员因为这些细小的差错，质疑我们的专业性及做事的认真程度。

小练习：请尝试用 STAR 法则描述自己的一段经历和贡献。

7.4 求职信

在应聘求职时，一封情真意切的求职信可以成为简历的有力补充。特别是当我们通过电子邮件递交简历时，电子邮件的内容本身就可以是用心撰写的一封求职信。

一般来说，求职信应当尽量简短（不超过一页），主要说明以下两个问题即可：

❏ 我为什么申请这个岗位？
❏ 我为什么适合这个岗位？

因为简历的篇幅有限，而且有固定的格式，所以我们可以在求职信中进一步阐述自己对这个岗位的理解，对岗位相关行业的了解，同时分享自己为应聘这个岗位做好了哪些准备，拥有哪些相关的知识和技能，以及跟所应聘的岗位相关的一些经历。一般来说，求职信的组织可以参照图 7-5 描述的逻辑。

第二篇 职业选择

开场介绍	• 解释你写这份求职信的原因以及你想应聘哪个岗位。 • 简述你感兴趣的岗位的特定信息。 • 说明你是从何处得知这个岗位机会的。
技能匹配	• 深入介绍自己拥有的跟所应聘岗位相关的知识、技能和经历（这些必须和简历中的相应信息保持一致）。 • 阐述你为什么觉得自己跟这个岗位匹配。
单位匹配	• 说明为什么这个单位吸引自己。 • 阐述如果有幸加入这个单位，你将如何开展工作，又如何为单位做贡献。 • 阐述你期待通过这个岗位的工作获得什么样的成长。
总结跟进	• 总结陈词。 • 如果后续有计划去联系单位的招聘人员，可以分享你的计划，或者请他们联系你。

图 7-5 求职信的书写逻辑

在撰写求职信时，一定要做到真诚，让招聘人员能够感受到你发自内心的对这个单位及这个岗位的喜欢。这样招聘人员在看了你的求职信和简历后，可以对你有更加深入的了解，并对你与所应聘岗位的匹配度有更加真切的估计。图 7-6 是一封写得不错的求职信范例。

虽然不是每家单位都需要求职信，但是掌握这个陈述逻辑并做好充分的准备，当面试官问起"你为什么应聘这个岗位""你为什么觉得自己适合这个岗位""你为什么对我们单位感兴趣"等问题时，我们便能自如地应答。此外，类似的逻辑对于申请出国读书的同学写个人陈述（Personal Statement）也很有参考价值。同样，对于准备读研究生的同学，写给意向导师的邮件也可以参考图 7-5 的逻辑。

尊敬的人事负责人：

您好！非常感谢您在百忙中抽空审阅我的求职信，给予我毛遂自荐的机会。我叫XXX，是华东师范大学数据学院今年的应届毕业生。我从你们的官网上了解到贵公司正在招聘后端程序员，希望有机会加入贵公司，成为荣辱与共的一员。

大学期间，我学习并掌握了数据结构、计算机网络、操作系统和数据库等计算机专业的相关知识，同时也能够熟练使用C、C++、Java、JavaScript、Python和Kotlin等程序设计语言进行编程。我在用Spring Boot或者Flask来搭建后端项目方面有诸多项目实践经验，也能够熟练使用Spring Cloud来快速搭建微服务平台。

在课余时间，我积极参加学校举办的创新创业活动。在项目XXX中，我主要负责Android端app的开发，实现了一款个性化的日历app。在项目YYY中，我主要负责算法设计和软件开发，实现了一个对评教文本进行分析和可视化的网站。目前，我正在一家创业公司负责后端微服务架构的搭建和业务模块的开发。这些实践经历让我在后端开发方面积累了宝贵的经验。

作为一名数据学院的学生，我的梦想是成为一名优秀的程序员，进而成为一名杰出的架构师。贵公司在业界的知名度以及科技向善的理念强烈地吸引着我，如果我有幸进入贵公司，并成为团队的一员，我将会积极向上，与同事精诚协作，为公司奉献自己的一份力量。同时，我也会在工作中持续学习，不断提升自己的知识水平和工作能力，并期待自己最终能成为一名卓越的技术专家。

再次感谢您，期盼能早日得到贵公司的回音！祝愿贵公司事业发达、蒸蒸日上！

此致

敬礼！

求职人：ZZZ
YYYY年mm月dd日

图 7-6 求职信范例

7.5 本章小结

本章主要介绍了简历撰写及求职信撰写的相关技巧及需要注意的事项。获得面试机会是简历撰写的目标，从"以终为始"的角度上来说，我们需要先仔细了解目标单位的详细情况以及招聘岗位的要求，然后梳理清楚自己和岗位要求的匹配点，在简历中重点突出自己和招聘岗位相关的知识、专长、能力和实践经验，需要的话再配上一份真诚的求职信，这样我们便在求职之旅上迈出了坚实的第一步。

思考题

请读者根据自己对理想工作的刻画以及本章所介绍的简历撰写建议，撰写一份简历和一份求职信并反复修改，直到自己满意为止。如有可能，邀请你值得信赖的朋友阅读你的简历和求职信，并请他们对你的简历和求职信给出反馈意见。

第 8 章

从 容 面 试

如果我们的简历通过了目标单位的筛选，便可以获得面试的机会。常见的面试有哪些种类？面试官的关注点大概会聚焦在哪些方面？我们又该如何准备面试并在面试过程中把自己的专长和优点充分展现在面试官面前？本章将逐一探讨这些问题。

8.1 面试官的关注点

简历筛选和面试的本质都是用人单位所进行的候选人过滤，只不过简历筛选是根据简历进行的第一层过滤，而面试是通过近距离沟通和观察之后进行的进一步过滤，它们的共同点都是为用人单位筛选出适合用人单位招聘岗位的候选人。很多单位在简历筛选与面试之间可能还会安排笔试，通过精心设计的笔试试题来增加一次对候选人的过滤，以确保参加面试的候选人能够更加贴合单位的人员招聘要求。

由于简历筛选的依据是简历，简历上面的信息是否真实可靠也需要通过面试来得到进一步验证。比如说一个候选人的简历上写着"极具团队精神"，这个候选人是否真的是一个良好的合作伙伴光从简历上很难判断出来，只有靠面试官在面试交流时通过一些相关的交流讨论和行为观察才能获得进一步的判断。

大致来说,面试官在面试时主要考察候选人的技能、经验和竞争力(见图 8-1),即考察:

- 候选人是否具备所应聘岗位要求的知识和专业技能?
- 候选人在不同的环境下及不同的组织内的过往工作经历中所积累的宝贵经验是否能很好地用在所应聘的岗位上?
- 候选人的价值观、行为、通用技能、自我管理技能、未来发展潜力等是否可以在众多的候选人中脱颖而出?

图 8-1　面试官的主要考察点

具体来说,面试官是用人单位的代表,他们希望通过面试进一步获得对候选人的深入了解,并用精心准备的问题通过和候选人的交流来了解候选人各方面的真实想法,进而判断候选人是否适合用人单位的具体招聘岗位。面试官的关注点主要体现在如下几个方面:

- 候选人是否足够了解用人单位?
  - 候选人是否对用人单位及用人单位所在的行业进行了充分的调研?
  - 候选人是否对用人单位的长远发展目标有足够的理解?
- 候选人对所应聘的工作岗位是否有足够的理解?
  - 候选人是否对工作岗位的角色和基本职责有全面的理解?
  - 候选人是否已经具备工作岗位所需的知识和技能?或者是否有强

烈的意愿去学习和掌握这些技能？
- ❏ 候选人是否能够胜任所应聘的岗位？
  - 候选人过去所有相关经验的具体细节，候选人过去是如何解决问题的，候选人解决问题的能力和问题被解决的效果如何？
- ❏ 我（面试官）是否希望跟候选人成为同事？
  - 通过评估候选人所具有的无形的品质（比如说创造力、活力、人品、诚信等）来判断候选人是否认同公司文化，如果和自己一起共事是否能够愉快合作。
  - 希望通过和候选人的沟通获得更多有关候选人的无法从简历上获得的信息。
- ❏ 候选人是否可以跟其他团队成员愉快且高效地合作？
  - 在当今的企事业单位中，很多工作需要紧密的团队协作才能完成目标，面试官必须确保候选人具有很好的团队合作精神。

了解了面试官的这些关注点，我们便可以在面试之前有针对性地做好准备。更重要的是，了解这些也有助于我们在平时的学习和生活中有针对性地培养自己的相关技能和品质，从而成长为更有竞争力的自己。

小练习：在本节所介绍的面试官的关注点中，有哪些是你以前没有意识到的？

8.2 常见的面试类型

常见的面试按照参加面试的面试官和候选人人数的多少，可以分为如下常见的三种：

- ❏ 单独面试：在这种面试中，一个面试官单独面试一个候选人。这是一种常见的面试形式。如果在一个较长的时间段内有多个面试官面试同一个候选人，但在不重叠的较短的时间段内只有一个面试官面试候选人，这也是单独面试，从候选人角度上来说是由多个单独面试构成的多阶段面试。

❑ 小组面试：在这种面试中，由多个面试官组成的面试小组同时面试一个候选人。当然不同的面试官在面试过程中可能承担不一样的角色，他们会从不同的角度来提问并观察候选人的面试综合表现。

❑ 群体面试：简称群面，又称"无领导小组面试"，由一组候选人组成一个临时工作小组，小组一般由5～12人组成，限时讨论给定的问题，做出决策并陈述。在群体面试中，会有多个招聘人员对候选人小组的行为进行观察，并记下每个候选人的表现。用人单位主要通过群体面试来考察候选人的组织能力、表达能力、逻辑思维能力等软实力，这种面试形式一般在咨询公司中用得比较多。

根据面试的途径，面试通常又可以分为现场面试、电话面试与视频面试。按照面试时面试官所问问题的设计方式，常见的面试类别又有行为面试、案例面试和压力面试，它们之间的详细比较见表8-1。

表8-1 三种面试类别的比较

面试类别	解释	目的	问题示例
行为面试	• 了解候选人在过往经历中所展现出来的特定行为及解决问题的能力 • 面试官一般会请候选人分享以前是如何处理某些特定情形和问题的	• 候选人过往的行为往往意味着未来在相似情形下他会有一致的表现 • 根据候选人过往的处事行为来判断他是否适合所应聘岗位	• 分享一下你以前碰到一个看似不可能完成的任务时是怎么处理的 • 你以前碰到不讲道理的客户时是如何处置的 • 分享一个你以前不得不去担任领导角色的例子

(续)

面试类别	解释	目的	问题示例
案例面试	• 提供一个假设的场景并请候选人尝试解决相应问题 • 模拟所应聘岗位可能碰到的问题,考察候选人解决问题的能力	• 案例面试主要考察候选人解决预设问题的能力 • 与找到正确的答案相比,面试官通常更看重候选人的思考过程	• 每年中国卖了多少个汉堡 • 如果你经营着一家咖啡公司,你会考虑同时卖茶叶吗 • 一家出版社想购买一家电视台,你有什么建议呢
压力面试	• 面试官故意让候选人处于压力很大的某个情形中,以考察候选人的反应 • 常用于高压岗位的情形	• 考察候选人是否能在高压环境下有良好表现 • 考察候选人在充满敌意的情形下会做出什么反应	• 面试官故意表现出过激言行 • 当候选人在回答面试问题时,面试官在专注地看报纸 • 面试官有意拿候选人的背景开玩笑

了解表 8-1 中的三种面试类别并理解这些面试问题的目的,在面试过程中碰到相关的问题时便能更加从容地应对。其实不管是哪种面试类型,也不管面试官问什么问题,有一点我们需要理解的是:很多问题其实并没有所谓的正确答案,面试官更看重的是候选人在面试现场的实时反应以及面对不熟悉的问题时的思考逻辑和解答尝试。在回答问题时,候选人至少应该做到:

❑ 直面问题:即使面对一些略显尴尬的问题,务必直接回答面试官的问题,而不是躲躲闪闪、顾左右而言他。比如说如果面试官问及的过去某件事情候选人做得不够好,候选人直接承认并分享自己从这件事情中吸取的经验教训,往往比费力解释并推脱责任要好得多。

❑ 逻辑清晰:回答问题时尽量简明扼要,并结构化地组织自己的回答,让面试官很清晰地理解我们要表达什么并明白我们回答问题的逻辑。

❑ 真挚坦诚:真诚地沟通,碰到不懂的问题就说不懂,不要不懂装懂,更不要杜撰一些不存在或者与事实相悖的经历。

下文中如未特别说明，我们提到的面试表示按现场面试安排的单独面试。

8.3 面试前的准备

"凡事预则立，不预则废"，面试也是如此。参加面试之前，通常我们可以做哪些准备呢？

首先，我们可以思考一下那些面试中经常被问到的问题该如何比较妥当地回答。相应地做好充分的准备，以便在面试中被问到类似问题时能够逻辑清晰地做出回答。请注意我们这里说的是逻辑清晰地做出回答，而不是背诵答案。下面列出了面试中经常被问到的一些问题。

- 请你简单做一下自我介绍。
- 请问你为什么选择读××专业？
- 请问你对自己未来的职业有何规划？
- 请问你读书期间印象最深的一件事情是什么？为什么？
- 你最大的优点和缺点分别是什么？请分别举例说明。
- 请介绍一下××项目，你在这个项目中主要做了哪些贡献？
- 假如要你去做一个以前没有接触过的项目，你会如何开始？
- 请问你为什么选择应聘我们公司？
- 如果应聘成功，你有什么工作计划？
- 在你们实验室/项目组的所有同学中，你觉得自己的排名情况如何？
- 跟其他候选人相比，你觉得自己的核心竞争力在哪里？
- 周末和假期你一般是怎么度过的？有没有想过更好的方式？
- 大学/研究生期间你最大的收获是什么？

第 8 章 从 容 面 试

❏ 除我们公司之外，你还应聘了哪些公司？如果所有公司都给你 offer，你将如何抉择？

有些候选人把面试当作考试，设想面试官有可能会问哪些问题后，对每一个可能会问的问题都精心准备好答案并且熟练地背诵。这种"押题"式的面试准备其实用处不大。设想面试官有可能会问哪些问题并做好准备本身没有问题，但过度依赖于面试官只询问预测到的问题是不科学的，万一面试过程中问到没有准备过的问题，候选人就可能会心慌。此外，即使面试官问的问题是在预测之中的，背诵式的问题回答也不可取，毕竟用人单位希望找到的是能够灵活应变、现场解决实际问题的候选人。

为了与面试官的沟通更加流畅，参加面试前我们需要增加对所应聘单位的全面了解，这包括应聘单位的主营业务、地域分布、技术产品、人员构成、文化价值观、团队管理、竞争对手、最近的新闻报道等。此外，需要再次认真分析并熟悉应聘岗位的用人需求，明确自己和应聘岗位的匹配点。由于简历上的每一项内容都很有可能是面试官感兴趣的点，我们需要对简历上每个具体信息的相关细节都了然于胸。

如果有机会，可以请有经验的长辈或朋友来对自己进行模拟面试，认真听取反馈并做好自我总结。这种实战性的面试预演对提升自己面试时的临场应对能力很有好处，也有助于从旁人的眼中发现自己未曾意识到的一些问题。

面试之前，需要确认面试的时间和地点，也可以尝试咨询面试联系人有关面试的形式、面试官的身份、面试时的着装要求等问题。在面试的当天，考虑到可能的交通阻塞，需要留足抵达面试地点所需的时间，争取提前 10 分钟到达面试地点。宁愿早到，不要迟到！万一碰到意外，自己预计可能会迟到，请提前联系面试联系人并告知突发状况和预计抵达的时间。明知可能会迟到又不事先告知用人单位的相关人员容易被用人单位理解为缺乏专业精神和不礼貌的行为。

8.4　面试沟通

面试是一个候选人和面试官双向沟通与交流的过程。我们和面试官的初次见面，可以从一个真诚的微笑和一次礼节性的握手开始。在整个面试过程中注意和面试官保持眼神接触，如果同时能让面试官真切地感受到我们的自信和对所应聘工作的热忱，剩下的便是对面试官提问的作答了。

在整个面试过程中我们要保持专注认真，仔细聆听面试官的每一句话，并做好相应的互动。如果没有听清楚面试官的提问，我们可以请求面试官再复述一遍，切忌没有听明白问题便急于回答，从而导致答非所问的现象。

即使做好了充分的面试准备，在面试过程中我们还是有可能碰到某些一下子回答不上来的问题。这是正常现象，我们不必感到惊慌。在这个时候，不妨花几秒钟整理一下思路，抱着和面试官共同探讨的态度去尝试作答。站在面试官的角度来说，面试官并不期望候选人能够圆满回答所有的问题，但面试官期望看到候选人在面对挑战与压力时积极正面的态度以及努力去尝试解决问题的意愿。如果候选人在和面试官共同探讨问题解决方案的过程中真的感到一筹莫展，可以坦诚地告知面试官并请求获得一些提示，或者委婉地表达面试结束后会再去思考和跟进的意愿。"知之为知之，不知为不知"，这是真诚的表现，千万不要不懂装懂。当然，如果表达了对某些问题的后续跟进意愿，面试结束后就必须花时间去思考总结，并通过合适的渠道转达给面试官我们的跟进结果。

作为面试的最后一个环节，通常面试官会询问候选人有什么问题想问面试官。一般来说，候选人不应该提特别敏感和涉及隐私的问题，跟单位相关的问题以及跟自己未来的职业发展相关的问题是候选人常常提的。表 8-2 列举了候选人经常提及的一些问题。

表 8-2 候选人的常见提问

跟单位相关的问题	• 单位未来的业务发展方向？ • 单位在各地的布局，每个地域的职能分工是怎样的？ • 单位大致的组织架构，自己所应聘部门在整个组织架构中的位置？ • 所应聘部门的团队构成？ • 单位薪资的大致构成？
跟自己未来的职业发展相关的问题	• 入职后可能做什么项目？能否分享一下项目的相关背景？ • 单位员工的职业发展路径有哪些？ • 单位员工的培训体系？

面试结束后，可以给招聘主管（如果有联系方式）或者面试联系人发封邮件（或者通过微信发个消息）表示谢意，同时表明自己对面试结果的期待。如果过了通知面试结果的时间节点还没有收到通知，我们也可以主动咨询相关人员。

正如我们在本节开始时所提到的，面试的本质是沟通，是一个把真实的自己完美地展现在面试官面前的交流过程，在这一过程中，我们需要展现的最重要的素养与品质是热忱、礼貌、真诚、专业、乐观和积极。是否能成功通过面试，这是面试官需要考虑的问题，不是作为候选人的我们需要考虑的问题。所以在整个面试过程中我们都需要保持"平常心"，不要因为太在意面试的结果而表现失常（还记得第 3 章中讲的"目标颤抖"吗）。即使由于各种原因在此次面试之后没有最终拿到 offer，做好真实的自己，只要面试官对我们留下了不错的印象，以后说不定也可能会有意想不到的机会眷顾我们。曾经有一位朋友就是由于招聘名额太少没有被录用，但其中一个面试官觉得他不错而把他推荐给了他们的合作公司。"有心栽花花不开,无意插柳柳成荫"说的就是类似这样的事情。

小练习:你觉得在面试沟通的过程中,哪一类的问题最让你措手不及,为什么?

8.5 在线面试

随着我们逐步迈入数字化时代,信息技术的发展也让在线面试的使用变得越来越广泛。通过视频和语音的结合,在线面试和现场面试的用户体验也越来越接近,同时为面试官和候选人都提供了比较高的时间和空间灵活性,让随时随地面试成为可能。

进行在线面试时,需要注意以下几点:

- ❏ 环境:为了避免干扰并使自己保持一个比较自然的状态参加线上面试,我们需要尽量选择一个安静舒适的环境,同时把灯光调到合适的亮度。
- ❏ 设备:在线面试时请尽量使用台式机、笔记本计算机或者稍大一点的平板计算机,同时确保与计算机连接的摄像头和耳麦(不管是内置的还是外接的)工作正常。之所以不建议用手机是因为计算机的屏幕比较大,并且进行屏幕共享时操作起来比较简便。
- ❏ 仪表:虽然是在线面试,我们还是需要确保自己穿着整洁,看起来神清气爽。
- ❏ 应用:把用于在线面试的应用程序提前安装并设置好,花时间熟悉应用的常规操作并做好应用测试。面试连线前关掉其他无关应用程序,避免共享屏幕时共享了不该共享的应用和内容,也避免其他应用的提示消息（语音）给在线面试带来额外干扰。

与现场面试相比，在线面试只是面试的环境和途径不一样，现场面试的准备工作和沟通注意事项对在线面试同样适用。熟悉在线面试的流程，即使不能进行线下面对面的交流，也争取在面试官面前顺利展现自己的风采。

小练习：跟线下现场面试相比，在线面试的哪些方面会让你感觉不舒服？你用什么方法来克服？

8.6 本章小结

从容面试从有针对性地做好面试准备开始。本章介绍了面试官对候选人进行面试时考察的重点、各种常见面试的特点以及面试中经常会被问到的问题，并介绍了相应的准备面试的方法以及面试时的临场技巧。面试的本质是沟通，能否自信地把自己的热忱、礼貌、真诚、专业、乐观和积极充分展现出来是取得面试成功的重要因素。8.5节还介绍了一些在线面试时的注意事项。

思考题

假如你拿到了心目中的理想工作单位发来的面试通知，请根据上一章思考题所要求准备的简历，思考一下你该如何做好相应的面试准备。

第 9 章

直 面 选 择

面试结束只是此次所应聘岗位的相关应聘工作暂时告一段落而已，之后还有很多事宜需要跟进，比如面试结果查询、收到应聘单位拒绝信之后的机会争取、offer 细节的理解与沟通等。此外，在拿到 offer 之后，特别是拿到一个以上的 offer 之后，需要深度思考并最终做出适合自己的 offer 抉择。所有这些，都是本章讨论的内容。

9.1 面试后的复盘与跟进

面试结束后，我们需要抓紧时间做面试复盘，总结一下此次面试过程中自己在哪些方便表现得不错，又在哪些方面需要继续提高。如果有机会再重新面试一次，自己的哪些行为或者哪些问题的回答会与之前大不相同。这样的面试复盘对自己面试技能的提高会很有帮助，可以不断提升自己在未来面试中的表现。

针对面试中自己没有回答好的问题，特别是技术问题，面试之后其实可以找个机会跟面试官通过电子邮件再度沟通（如果不知道面试官的联系方式，可以通过面试联系人转达）。这个沟通需要发生在对问题的仔细复盘之后，也可能需要查阅相关文献甚至动手做些实验，以确保自己对问题

第9章 直面选择

的理解与回答能给自己加分。沟通的语气要诚恳，就事论事，表达自己再度思考后的观点，同时侧面反映自己认真负责和主动积极的态度。如果内心对所应聘的岗位真的非常心仪，可以在电子邮件末尾表达一下期待一起共事的愿望。需要提醒的是，这种面试后针对某些具体问题的再度沟通，必须及时，最好发生在面试后的一天之内，否则时间长了面试官很可能已经忘记当时的面试情节，而且很可能已经做出决定。

假如面试结束一段时间之后，有些同学已经收到了面试结果通知，而自己还没有收到，或者应聘单位原先告知的通知面试结果的截止时间节点已经过了，而我们还没有收到面试结果通知，这时我们可以联系应聘单位的相关人员去咨询面试结果。在咨询时，务必礼貌客气，客观阐述想尽快知道面试结果的原因（主要是对所应聘岗位比较心仪，很关注是否被录用），而不是责备所应聘单位为什么别人收到了面试结果通知而自己没有收到，或者责备所应聘单位为什么截止时间点过了自己还没有收到面试结果通知。联系应聘单位时，尽可能直接联系招聘部门的主管，因为主管通常是招聘决定的决策者。在这个过程中很重要的一点是，保持平常心，做好没有被录用的心理准备。

如果收到应聘单位的通知并且被告知没有被录用，也不要灰心。假如这家单位是自己非常喜欢的单位并且自己在整个面试过程中的表现还比较不错，其实还是可以做些争取工作为自己赢得可能的未来机会的。大致来说，我们可以按照图9-1所示的逻辑来做未被录用后的争取工作。

图9-1 应聘被拒后的机会争取逻辑

- **坦然接受**：收到应聘单位的拒绝通知后，我们首先需要调整自己的心态，尊重应聘单位的决定，接受没有被录用的事实。同时通过再一次的复盘，挖掘自身的原因，找到自己在专业技能、自我管理技能或者通用技能方面的潜在成长提升点。

- 咨询原因：如果对所应聘单位的确非常心仪而且面试的自我感觉还不错，我们可以联系招聘主管，表示已经收到了单位的通知，在表示遗憾的同时诚恳地请求招聘主管分享一下对自己的面试反馈，特别是从面试官的角度来看自己在面试过程中表现得不尽人意之处。如果能够收到来自招聘主管的真实反馈，再将这些反馈和前面自己复盘的内容相结合，则会对自己未来的改进方向有很大的指导意义。
- 表达意愿：最后，可以进一步表达自己对应聘岗位的见解以及对此岗位的兴趣，请求招聘主管以后有招聘机会的时候随时联系自己。

或许大家会问，这样的沟通能起到什么作用呢？其实最主要的是让招聘主管看到我们对这个岗位的渴求以及我们主动积极的态度。因为已经被录用的候选人可能会由于各种原因最后拒绝offer，应聘单位在决定候补人员名单时，或许积极主动的态度会让我们有更大的候补机会。也有可能招聘主管在跟我们的进一步沟通后会对我们留下不错的印象，在应聘单位的其他部门或者招聘主管熟悉的其他公司有用人需求时，招聘主管可能会适当推荐一下。有些单位除了招聘正式员工外，也会招聘外包员工。如果获得了招聘主管的认可，或许我们可以获得外包员工的工作机会，先做外包员工然后再找机会转正。总之，这样的沟通可以无形之中为我们争取到一些潜在的未来机会，同时也是拓展自己社交圈子的机会。不过需要注意的是，所有这一切的前提是所应聘单位和所应聘岗位真的是自己非常喜欢的单位和岗位，如果有工作机会的话自己一定会接受这个机会。否则努力争取了，结果机会来了自己又不接受争取得来的工作机会，会是一个非常尴尬的局面，也会被看作言行不一的表现。

小练习：收到应聘单位的拒绝通知后，哪些顾虑可能会阻止你再次争取机会？

9.2 offer 理解与沟通

收到单位发出的 offer 之后，需要仔细理解 offer 上的重要信息，然后针对有疑问的信息与单位相关人员进行沟通，以获得对 offer 信息的准确理解，为最后决定是否接受 offer 提供充分的数据来源。

首先需要理解的是岗位信息，确保 offer 上的岗位跟自己的应聘岗位一致。有些单位在大规模招聘应届毕业生时，会发生岗位之间的调配现象。如果在接收到 offer 时不仔细确认清楚，等到入职报到的时候才发现入职的岗位不是自己原先应聘的岗位，那就为时已晚了。如果 offer 上的岗位跟自己的应聘岗位不一致，我们在和用人单位进行 offer 沟通时一定要咨询一下新岗位的岗位职责，有机会最好能跟新岗位的负责人进行一次沟通，从而获得足够的信息以进一步判断新岗位是否适合自己。

因为有些单位同时招聘正式员工和合同工，而正式员工和合同工的薪资福利有不小的差别，对单位的归属感也不一样，因此这个信息在收到 offer 时必须确认清楚。

有些用人单位在 offer 上也会明确岗位职级，这个职级与薪资福利是强挂钩的，对职级不理解的话，在和用人单位进行 offer 沟通时可以请用人单位解释一下单位界定员工职级的基本原则，从而判断这个职级分配对自己是否合理。

聘用期限也是 offer 中的一项关键信息，大多数用人单位的聘用期是 3 年，当然也有小于 3 年或者大于 3 年的，有少数单位甚至是终身聘用的。

与聘用期限相关的一个时间是试用期,需要确认试用期的长短并认真阅读试用期的相关规定,以保障自身权益。

薪资福利是 offer 中非常重要的信息,一般包括薪资的各项组成部分及单位福利。薪资的可能组成包括月薪(以及每年按多少个月发放)、奖金、津贴、股票、期权等,有些岗位的月薪又分为底薪及业务提成两部分,福利主要包括"五险一金"、带薪假期等。"五险一金"指养老保险、医疗保险、失业保险、工伤保险和生育保险及住房公积金,有些福利好的单位提供"六险二金"(在"五险一金"的基础上加了补充医疗保险和企业年金)。不但要看这些福利在 offer 上是否提及,还要问清楚缴费比例。总的来说,薪资福利的相关子项比较多,而且比较复杂,我们需要对薪资福利有整体的把握,不能光看某个子项。有些子项还涉及自身的短期利益和长远利益之间的折中,比如月薪和期权,这个更需要我们认真去考虑。有些单位对接受 offer 的候选人还会发放一笔签字费,签字费的额度及发放形式一般也会在 offer 中体现。

大多数用人单位会根据应届毕业生的学位提供标准的薪资福利包,并基于对候选人各方面能力的认可程度在标准薪资福利包的基础上进行一定幅度的调整。当然,不同单位的标准薪资福利包有比较大的差别,基于标准薪资福利包的调整幅度及调整策略也大不相同,相关的信息可以从熟悉的同学那里打听一下,在互联网及各种社交媒体上也可以找到一些相关信息。

用人单位在给候选人发了 offer 之后,一般会留给候选人一段时间去考虑是否接受 offer。候选人在仔细阅读 offer 细节之后,可以汇总一下自己有关 offer 细节的所有问题,然后咨询用人单位的相关联系人。如果除了有疑问,还希望调整 offer 上的薪资福利,最好能够跟用人单位内具有 offer 决策权的负责人联系。在不同的单位,具有 offer 决策权的负责人可能会不一样,有些单位是人事主管,而有些单位是所应聘岗位的部门主管。当然，如果希望调整 offer，需要有理、有据、有节，不要在争取 offer 调整的过程中给用人单位留下一种过度注重薪水的印象，毕竟用人单位所出的每一份 offer 都是经过单位相关专业人员的讨论和审批的。

9.3 抉择思考

如果我们去多家单位应聘并且拿到了多个 offer，应该如何做抉择呢？

在面对多个 offer 时，不同的人会有不同的选择逻辑。其实不存在对的选择和错的选择，只要是在做决定前充分理解了不同选择之间的折中，然后在做决定的那个时间点做出最符合自己当时取舍的选择即可。

通常情况下，我们可能会面临哪些需要考虑的折中呢？下面列举常见的三种。

1. 薪资福利 VS 所属行业

如果我们把一个 offer 按岗位薪资福利的高低和自己对岗位所属行业喜欢程度的大小进行 2×2 分类，可以得到如图 9-2 所示的 4 个区域。如果此 offer 落入右上角区域（薪资福利高，并且岗位所属行业是自己比较喜欢的），那肯定是我们心仪的 offer。如果此 offer 落入左下角区域（薪资福利不高，并且岗位所属行业也是自己不怎么喜欢的），这种 offer 一般我们也不会接受（除非万不得已）。最难以抉择的情况如下：offer A 落在左上角区域（薪资福利高，但是岗位所属行业是自己不怎么喜欢的），offer B 落在右下角区域（薪资福利不高，但是岗位所属行业是自己比较喜欢的）。此时该如何在 A 和 B 之间做取舍呢？

如果遵从自己内心中的职业目标，并且比较看重自身的长期成长以及核心竞争力的提升，选择 B 可能更加合适；但如果自己或者家里的经济并不宽裕，选择 A 也挺正常。不同的人在不同的情况下所做出的最适合自己现状的选择，都是合理的选择。

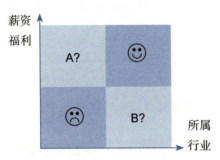

图 9-2　薪资福利和所属行业的折中

我自己在博士毕业前也面临过一次类似的选择。那是 1999 年年底，当时有一家公司（A）给了我一个 offer，薪资不错，还配有期权，再加上一套 2 室 1 厅的配套住房（工作满 3 年后可以拥有房子的产权），单位还负责配偶的工作调动，缺点是公司不在我读书的城市，而且从事的工作跟我读博士期间的研究方向不一致。还有一家公司（B）offer 上的月薪比 A 给的月薪低 20%，虽然也有一些期权，但总的薪资福利还是差了不少，不过好处是所做的工作跟我博士时读的研究方向比较匹配，入职后做的项目也很有挑战，同时公司所在地就在我读书的城市。坦白说，这是一个非常难做的决定。经过了一周左右的考虑，我最终选择了 B，虽然在薪资福利上有一定的损失，但毕竟可以从事自己喜欢的研发项目。

2. 公司品牌 VS 岗位职责

如果我们把一个 offer 按公司品牌的知名度高低和岗位职责的匹配度高低进行 2×2 分类，可以得到如图 9-3 所示的 4 个区域。如果此 offer 落入右上角区域（公司品牌知名度高，并且岗位职责和自己的能力及兴趣的匹配度高），那么此 offer 肯定是我们心仪的 offer。如果此 offer 落入左下角区域（公司品牌知名度较低，并且岗位职责和自己的能力及兴趣的

第 9 章 直 面 选 择

匹配度也不高），这种 offer 一般我们也不会接受（除非万不得已）。最难以抉择的情况如下：如果 offer A 落在左上角区域（公司品牌知名度高，岗位职责和自己的能力及兴趣的匹配度不高），offer B 落在右下角区域（公司品牌知名度较低，但是岗位职责和自己的能力及兴趣的匹配度高）。此时该如何在 A 和 B 之间做取舍呢？

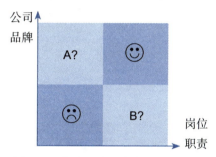

图 9-3　公司品牌和岗位职责的折中

这个时候需要弄清楚自己想从这份工作中收获什么，拥有在公司品牌知名度高的单位的工作经历可能会为日后换工作带来一定的便利，而如果岗位职责和自己的能力及兴趣的匹配度高，自己的潜力则可以得到更大的发挥，从而快速成长。这有点像两难问题，主要依赖于自己对未来成长道路的不同选择。

3. 主管 VS 项目

我们再来看一下第三种常见的折中，即对直接主管的认可度和对所从事项目的认可度之间的折中。简单地说，这是在跟随谁做事与做什么事之间的一个权衡。如果对直接主管的认可度高，所做的项目也非常有吸引力，那自然是欣然往之。反之，如果对直接主管的认可度低并且项目本身也没有多大的吸引力，我们大概率会拒绝这样的工作机会。

假如我们面对的是图 9-4 中 A 和 B 之间的选择，我们需要考虑哪些情况呢？通常来说，一个好的项目可以让我们在从事项目的过程中得到足够的锻炼，有机会在项目经验及解决问题的能力上快速成长。一个好的直接主管在带好团队的同时，也愿意花时间培养下属，我们也可以从他身上学到很多做人和做事的方法和原则。一个真正对下属和团队负责任的主管也一定会想办法努力为团队争取更好的项目。这个跟随谁做事与做什么事之间的折中有点像长期收获与短期收获之间的权衡，以及全面成长与专业知识技能成长之间的权衡，我们得结合自己的实际情况好好思考。通常来说，一个好的主管可能比一个好的项目（但主管不够给力）对我们的长远发展更加有帮助。

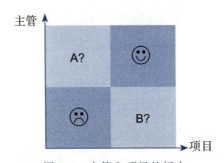

图 9-4　主管和项目的折中

上面只是简单介绍了 offer 抉择时三种常见的折中思考，现实情况中的 offer 权衡很可能需要考虑更多更复杂的情况。总之，只有在充分考虑到各种情况下的取舍及权衡各种利弊之后的抉择才会更加适合特定情况下的自己。

9.4 婉拒 offer

在做完 offer 抉择之后，对于给我们发 offer 但我们最后又决定不加入的单位，我们需要跟单位的相关人员沟通，真诚地解释一下拒绝 offer 的原因。

第9章 直面选择

每个用人单位在招聘时都需要投入大量的人力物力，一旦我们决定拒绝一个offer，就需要在做完决定后尽快联系用人单位，表达自己的谢意与歉意，这样用人单位也可以尽快在候补候选人中进行补录。联系用人单位时，在感谢用人单位对自己的认可并对自己没有接受offer而表示诚挚的歉意之后，我们需要解释一下自己没有接受offer的原因，并期望获得用人单位的理解。整个表达逻辑需要清晰，特别是言辞要真诚，为未来的潜在合作留有余地。毕竟人生可能会有很多巧合，谁也说不准被拒的用人单位或许有可能成为自己未来的合作单位，也有可能在未来的某一天自己会再度应聘这个单位。

9.5 本章小结

本章主要介绍了面试后的复盘与跟进，以及收到offer后对offer的理解、沟通与抉择。主动积极的态度在面试后的复盘与跟进中起着关键作用。及时复盘、及时针对面试中的某些具体问题进行再度沟通、收到未录用通知后的机会争取，以及针对offer中有疑问的信息与单位相关人员进行沟通，这些都是主动积极的表现。在多个offer中做抉择其实就是一个决定取舍的折中过程。总的来说，在offer抉择这件事情上，没有最好的，只有最适合自己的。我们需要听从自己内心的声音，在多个offer中找到在那个时间点最适合自己的offer，以开启自己的职业之旅。

思考题

请读者仔细思考一下，假如碰到图9-2、图9-3和图9-4所描述的情况，你会做什么抉择，支持你做出相应抉择的深层思考又是什么呢？除此之外，还可能碰到哪些常见的折中思考呢？你在面对这些折中思考时又会如何抉择呢？

第二篇

总　　结

　　本篇介绍了如何基于自我探索的发现及对自己未来职业可能性的理解，通过职业匹配确定自己的职业目标并执着地去追寻一份属于自己的幸福快乐的职业。为了找到第一份工作以开启自己的职业之旅，我们又介绍了在简洁美观的简历撰写中如何凸显自己与岗位需求相关的素养及竞争力。接着我们分享了如何做好面试准备并在面试中从容沟通的技巧，并介绍了一些面试后的复盘技巧、与应聘单位的沟通技巧以及 offer 的抉择思考方法。希望通过本篇的学习，我们可以确定自己喜欢的职业并找到能充分发挥自身潜力的工作，为实现自己的职业目标奠定良好的基础。

　　虽然本篇是以面向应届毕业生的口吻来撰写的，但本篇中描述的很多技巧、方法、思考与实践其实也可以给其他年龄段的求职者提供有益的参考。

第三篇
扬 帆 成 长

第一份工作是我们每个人职业之旅的首站。在扬帆起航的新起点，我们该如何快速融入工作、快速融入团队和工作单位呢？在日常工作中又该如何直面挑战、拥抱变化、掌握有效的工作技能和工作方法，以获得大幅度的自我提升并享受成长的快乐呢？这些就是本篇将要阐述的主要内容。

第 10 章

新 手 上 路

当我们接受了心仪的 offer 之后，都会憧憬未来的工作，期望在新的岗位和平台上展现自己的才华。在做好入职前准备工作的同时，终于等来了入职报到的那一刻，让我们张开双臂，迎接来自新征程的挑战，在另一个时空上去获得成长，收获不一样的幸福和快乐。

10.1 注重第一印象

作为新员工，入职的当天以及刚开始工作的这段时间，我们该如何给同事们留下良好的第一印象呢？

大多数单位在新员工入职的第一天都需要和新员工签署劳动合同，并且由直接主管介绍部门情况、项目情况以及新入职员工的工作职责。对于刚入职的新员工来说，第一天见到的人一般包括人事部门的同事、部门行政人员、直接主管以及一起共事的团队成员。人事部门的同事一般负责接收新员工的报到材料并归档，协助新员工签署劳动合同及填写一些相关表格；部门行政人员负责安排工位，帮助领取一些日常办公用品及申请 IT 设备；直接主管则负责帮助新员工初步熟悉工作及相关合作者。

对于新员工来说，着装整洁且得体很重要，可以给别人留下较好的第一印象。当然，着装可以根据单位文化及岗位要求来确定，比如说牛仔裤和运动鞋对于研发岗的员工是很自然的着装，但对销售岗员工来说可能会被认为过于休闲。如果不清楚新岗位的着装要求，可以在入职前咨询单位的相关人员。

穿着固然不可忽视，但最重要的还是面带微笑、礼貌待人。正如人们常说的：微笑，是人类最美的语言。微笑可以传递给他人愉快和友善的情感信息，是无声的问候，为深入沟通与交往创造和谐的氛围。作为职场中的新人，我们的微笑是最强大有效的通行证，在对别人的微笑中，我们也会看到世界正对自己微笑起来。

10.2 熟悉工作伙伴

社会的不断进步与发展让企事业单位的分工越来越精细化，这意味着我们在工作中需要和很多角色各异的同事打交道。熟悉我们周边的工作伙伴并和大家友好相处，有助于营造和谐的工作环境并提高工作效率。下面列举了一些需要我们在工作中逐步熟悉的工作伙伴：

- 直接主管：直接主管负责团队管理与决策、任务分配以及员工的绩效考核，我们需要熟悉直接主管的工作风格以及他对员工的要求，记下直接主管的常用联系方式，并和直接主管约好定期工作汇报的时间，以便能够经常获得直接主管对自己工作表现的反馈，并定期请直接主管对自己的职业发展规划提供建议和支持。
- 导师／师傅／成长伙伴：在很多单位，直接主管会指派一名资深员工帮助新员工在试用期内快速融入团队，有些单位把这样的资深员工叫作导师，也有叫作师傅或者成长伙伴（Buddy）的，他们的主要职责是帮助新员工全面了解单位的制度和文化、了解单位的业务和各部门之间的关系等,当新员工碰到困难时还需要为新员工及时解惑。

- **团队成员**:同一个团队的其他成员是我们日常工作中接触最多的伙伴,工作的交集包括项目讨论、任务对接、日常探讨、技术求助、小组会议、团建活动等。熟悉每一个团队成员并保持良好的工作关系是团队成员之间高效合作的基础。
- **部门秘书/行政助理**:部门秘书和部门行政助理(很多时候是同一个人)负责部门运营的一些日常琐碎事务,是我们日常工作中需要经常打交道的同事。
- **人事专员/HRBP**:在 HR(Human Resource)团队中,人事专员(HR Specialist)和 HRBP(Human Resource Business Partner)是我们经常需要打交道的同事。在入职的过程中需要与人事专员频繁打交道,而在日常工作中会与 HRBP 有较多接触,与 HRBP 常见的工作交集包括员工培训、组织发展、职业规划、绩效考核、团建等。
- **资深员工**:这里的资深员工是指在单位里工作多年的同事,可以是本部门的也可以是其他部门的。他们在单位里有多年的工作经验,我们可以从跟他们的沟通中更多地了解公司,并了解一些如何在公司做人做事的方法与建议。
- **同期新员工**:与那些跟自己同期进入公司的其他同事保持紧密联系,大家同期进入公司,诸如新员工培训之类的活动通常也是一起参加,可以分享各自融入团队的体会与成长经验,互相促进。

值得一提的是,我们要尊重单位里的门卫、前台、保洁等其他工作人员,见面时微笑着跟他们打声招呼。我们的微笑不但传递着热情,还可以拉近彼此之间的距离、融洽关系。

熟悉工作伙伴的一个重要建议是记住小伙伴的名字。我们可以有意识地锻炼自己，掌握至少一种适合自己的记住他人姓名的方法。能准确叫出别人的名字可以避免很多尴尬的场合，也是尊重对方的一种表现。

小练习：分享一下有什么记住他人姓名的好方法。

10.3 熟悉工作环境

作为新员工，熟悉工作环境有助于大幅度提升工作效率，减少由于环境不熟悉而导致的时间浪费。

在 IT 方面，我们在拿到各类账号后需要确保每个账号及密码都工作正常，并熟悉那些内部常用网站的网址以及登录和使用方法。常见的内部网站包括公司的新闻和信息发布网站、人事管理及相应规章制度的网站、员工培训网站、财务制度及报销网站、在线会议和会议室预订系统、电子图书馆、内部各类项目的申请及审批网站等。此外，很多单位还有一些单位公共资源的共享空间，这些公共资源包括各类办公软件、专业软件、项目代码库、各类文档等。我们需要熟悉日常工作所需的常用软件及版本，熟悉在线会议系统及单位内部常用的通信软件。

为配合移动办公，有些单位还要求员工在智能手机上安装单位定制的移动办公 app、企业微信/钉钉/飞书等，我们需要确保这些应用能够工作正常（有些单位需要在员工的移动设备上安装 VPN 或者进行特殊的配置，这样员工才能访问单位内部信息），并且这些应用的移动端数据能和笔记本计算机（或者台式机）上相应应用的数据保持同步。

在公司的物理环境中，我们首先需要熟悉自己的工位以及工位周边培训室和会议室的位置分布，并了解实验室的位置，这些是我们在单位里常去的场所。此外，需要知道文具间及打印机所在位置，以便自己在打印完毕后可以在第一时间取走打印材料。

此外，我们需要熟悉单位电梯、茶水间和卫生间的位置。有些单位还有餐厅、健身房和球场，熟悉这些场所的方位无疑会给我们的生活带来便利。也需要了解单位的楼梯以及逃生通道的位置，一旦发生紧急情况，应知道如何疏散。对于提供班车的单位，我们需要打听清楚班车的停靠位置及出发时间表，以免错过班车。

总的来说，我们需要熟悉单位工作环境的方方面面，因为这是我们每周除了家以外驻留时间最长的地方。

10.4 文化融入与适应

作为企事业单位的新人，了解单位是融入的第一步，而了解单位的第一步就是了解这个单位（特别是企业）的愿景、使命、战略与价值观（见图10-1），了解这些不但有助于更进一步理解单位存在的理由、奋斗的目标，还可以明白单位的所有员工该如何做人、如何做事。

- 愿景：一幅描绘未来的画面，描绘了因为企业的存在世界会变成什么样（终极目标）
- 使命：一个企业为什么而存在，到底做什么（理由）
- 战略：领导者采取怎样的方法来完成其使命和达成愿景（方法）
- 价值观：在完成使命和实现愿景过程中用到的指导原则（行动准则、道德标准）

图 10-1　愿景、使命、战略和价值观

此外，我们需要了解单位及部门的主营业务，以及整个组织架构是如何围绕业务目标的完成而分工协作的。知道各部门的业务职责、部门之间

第10章 新手上路

的关系以及每个部门的主要领导等基础信息，并进一步了解自己所在部门在公司业务全局中的位置以及自己所做的项目和部门业务之间的关系。最重要的是，多和直接主管沟通，确认自己的工作职责、工作目标以及工作结果的评判标准，在一个层次式的关系下更好地理解自己的工作跟单位整体业务的关联。

企事业单位的价值观很大程度上决定了这个单位的文化，同时也是制定单位各项规章制度的重要依据。首先我们需要理解企事业单位的文化基调，通常可以通过观摩资深员工的行为而体会到。因为企事业单位的文化决定着单位员工的工作方式（包括沟通方式、合作方式、做事方式、语言偏好等），而这些工作方式是每一位普通员工在日常工作中体现出来的，从这个角度上来说每一位员工都是单位文化的践行者与代言人。

企事业单位的文化价值观也决定了员工绩效评估的导向及评估方法，比如说华为绩效评估中的"劳动态度"评估其实跟华为的奋斗者文化是息息相关的。此外，不同企事业单位对员工职业发展途径（技术发展路线或管理发展路线）的倡导也会受单位文化的影响，比如说以前的英特尔就特别崇尚工程师文化，所以整个公司也非常鼓励员工走技术发展路线。理解这些对我们确定自己未来的职业发展规划会有不小的帮助。

当然，同样的单位文化之下，不同的部门或者不同的项目组也可能存在自己的亚文化，这些小范围的文化氛围与工作氛围通常受部门领导者或者项目领导者影响，有时团队文化的影响甚至会强于单位文化，所以团队文化是我们必须要感受和熟悉的。

新员工入职后通常需要参加入职培训。尽管不同单位入职培训的时间长短及培训形式可能会有比较大的差别，但单位文化价值观相关的内容培训还是会占用入职培训中很大一部分时间。入职培训本身也是对单位文化价值观的了解、熟悉、实践、体会、总结和反思过程，我们需要做到积极参与、认真学习、细心体会，并在入职培训时和其他同期加入单位的同事建立良好的友谊。

每个单位基本上都有试用期，虽然不同单位的试用期长短不一，但大多数单位以半年（6个月）作为试用期的期限。我们需要了解试用期的考核方式，并跟直接主管确认自己在试用期内的学习成长方向、工作职责和任务安排，并明确试用期考核指标。在试用期内多和直接主管及导师（师傅）沟通，听取他们对自己的成长反馈和建议，并通过自己的努力顺利通过试用期。

10.5 做最好的自己

作为职场中的新人，为加快融入新单位的速度，需要做到图10-2所示的六个字。

图10-2 新手上路关键字

- 听：这里的听是指积极倾听，而不是简单地用耳朵被动地接受信息。假如主管交给我们一个任务并且建议我们该如何去完成这个任务，非积极倾听的人一般会按照主管的建议按部就班去完成交代的任务，而积极倾听的人则会先跟主管确认任务的目标，然后斟酌着如何基于主管的建议围绕更高效地达成目标去优化行动计划。

第 10 章 新手上路

- 问：碰到问题，养成自己探索并查询相关资料的习惯，自己尝试去解决问题。但不少问题也可以询问资深同事、导师或者领域专家，特别是有关单位的一些制度性或者常识性的疑问，虚心请教别人可以节省不少时间。作为新人，我们有时会觉得不好意思去问同事，担心被同事当成菜鸟，这就需要我们自己打破心理预设，虚心求教。
- 做：这个比较好理解，就是手脚勤快，尽量多做事，并努力把事情做好，不要因为怕做错或者怕吃亏而尽量推脱做事的机会。大多数单位和主管都喜欢主动积极做事的员工，而且很多能力也真的只有在认真做事的过程中才能不断提升。
- 学：踏上新岗位后，很多东西都需要学习，除了从图书、论文、互联网资讯中获得知识和技能外，我们也可以向他人学习，比如观察资深人员分析问题和解决问题的方式，学习他们的做事方式和做事经验。只要保持"饥饿"的心态，虚心学习，那我们必将在入职初期获得大幅度的成长。
- 帮：在这里，"帮"有三层意思，首先是作为新员工需要主动帮助所在团队或者所在部门解决问题，其次是和其他团队成员要形成互相帮助的团队氛围，还有就是同期新员工之间需要互相帮助，一起成长。
- 思：这里的"思"指思考和复盘的习惯。每天都总结一下当天哪些事情做得不错，哪些需要进一步提升，当天学习和掌握了哪些新知识与新技能，又有哪些知识和技能需要放在未来的学习计划中。以自我成长为目标，通过复盘来加速成长。

当然，作为新员工，在努力实现自身成长的同时也需要注意如下事项：

- 尽可能参加团队活动：团队活动应尽量参加，经常缺席团队活动会给同事留下不合群的印象，在后续的团队活动中很可能就会被同事自动忽视了。参加团队活动也是一个很好的互相熟悉、互相交流的过程。即使是午餐这样的场合，经常和团队成员一起用餐也可以让我们更多地了解同事以及单位内部发生的事情。

- **在提出问题时，同时也提出解决问题的办法**：如果只是反映问题，很容易被认为是在抱怨；相反，在反映问题时如果也提出解决问题的方法，可以从侧面反映我们解决问题的动力和意愿。

- **不要太快下结论**：不管是技术问题、人事问题还是管理问题，不要在只看到现象时就忙于下结论。很多事情的表象之下可能有很多深层次的原因，我们可以运用系统性的问题探索方法找到问题发生的根本原因，用数据说话，然后再看最终如何解决问题。

- **不要盲目跟风**：遇事需要有自己的主见，切忌人云亦云。记住：不要太轻易相信你听到的，很多时候即使对你亲眼见到的事情最多也只能相信一半，毕竟我们很多时候无法了解事情背后的真相。我们需要根据自己掌握的信息去梳理和总结，在有更多的数据支撑时才能做出客观判断。

- **不要背后议论同事**：有事情的话可以直接找当事人反映，抱着解决问题的态度去沟通，对事不对人，千万不要在背后议论同事，尽量远离是非圈。

面对新的环境、新的人际关系及新的工作任务，即使我们付出很大的努力，在融入过程中也可能会碰到挫折和挑战。在碰到问题时，我们需要客观理性地分析，先从自己身上寻找原因，而不是把问题简单归结于单位或者单位的同事。有时即使是受到一些小委屈，我们也需要积极思考解决问题的方法，在不违反法律和道德底线以及自己做人底线的前提下探索是否可以通过自己的一些改变去解决问题。当然，碰到融入困难时也可以咨询主管、导师或者单位资深员工，从他们的经验分享中找到解决问题的方法。在融入新单位过程中碰到问题时，首先需要考虑如何找到解决问题的途径，从单位离职或者换个岗位应该是最后的选项，毕竟在一个地方碰到的问题很可能在另外的地方也会碰到，逃避不是解决问题的有效方法。

对于初入职场的应届毕业生来说，我们需要意识到职场工作和校园学习的差别。在职场上，不要期望主管会手把手教我们如何做事。我们需要发挥自己的主观能动性，冷静地去面对问题，并充分发挥自己的才智与潜能创造性地解决问题，做最好的自己！

小练习：请举一个例子说明你是如何用数据来支撑你的结论的。

10.6　本章小结

本章围绕新员工应该如何快速融入单位这个主题，介绍了一些注意事项并提供了一些建议。在给同事们留下良好的第一印象的基础下，快速熟悉工作、熟悉环境、熟悉同事是新人的必经之路，同时需要深入了解单位的愿景、使命、战略与价值观，以便顺利融入单位的文化中。在职业生涯的第一站，只有积极主动地思考、学习和做事，才能充分发挥自己的才智与潜能，并获得显著的成长。

思考题

请读者仔细梳理一下本章的内容，列出那些对自己来说需要特别注意的新手上路建议，并画一个简单的思维导图。

第 11 章

高 效 会 议

不管在哪个单位，参加内部会议是我们日常工作中很重要的一部分工作内容。与会人员如何为会议做好充分的准备？大家又该如何有效开会，如何高效地做决定并达成会议目标？在会议过程中碰到有挑战的情形该如何处理？会议结束后又该如何有效跟进？这些都是我们在本章中将要阐述的问题。11.5 节还介绍了参加外部会议需要额外考虑的一些问题。

11.1 高效会议的必要性

其实我们每个人对会议应该都不陌生，在我们的成长过程中一定参加过很多不同类型的会议。但是，关于会议的一个相关调查所披露的统计数字（见图 11-1）可能会让大多数人都大吃一惊！

如图 11-1 所示，现实工作和生活中的大多数会议其实都效率很低。会议跑题、缺乏会前准备、会议的有效性不明显、与会人员没有专心开会、无关人员参与会议、会议超时、与会人员被动参与，这些导致低效会议的问题居然都占比颇高。

第 11 章 高 效 会 议

如果算一笔细账,我们浪费在无效会议上的成本大致是什么样的情况呢?

83% – 跑题
77% – 没有准备
74% – 有效性受到质疑
68% – 不注意倾听
62% – 无关人员与会
60% – 超时
51% – 缺乏参与度

图 11-1　你可能不知道的关于会议的统计数字

假设我们每周工作 5 天,每天工作 8 小时,每年有 10 天法定假日,那我们每年大约工作 250 天 [365×(5/7)-10 ≈ 250],即 2000 个小时。再假设我们工作时有 25% 的时间花在开会上,而且有 25% 的会议是无效会议,那我们每年将浪费 125 小时(2000×25%×25%=125)。假设每人每小时的工资是 60 元(每个月工作 22 天左右,则 22×8×60=10560,相当于月薪 1 万出头),那我们每个人每年在会议上浪费的开销是 7500 元(125×60=7500)。

在上面的推导中,每个人每年 7500 元的浪费是基于"月薪 1 万""会议在工作中占比 25%"以及"25% 的会议是无效会议"的假设,如果月薪更高、会议在工作中的占比更高并且无效会议的占比更高,则浪费会更大。对于员工众多的大型单位,每年的浪费将是一个很大的数字。从这里我们可以看出,无效会议不但浪费了与会人员的时间,还浪费了单位的资金投入。其实,更严重的是无效会议也会极大影响单位的文化,让员工在不知不觉间养成"混时间"和"得过且过"的不良风气,因此对每个单位来说提升会议的有效性都势在必行。

> **小练习**：请分享一个你参加过的无效会议的例子。为什么你觉得这个会议是无效的？这个无效会议可能会造成哪些负面影响？

11.2 组织高效会议

为了让会议更加高效，我们通常需要做哪些事情呢？

首先，让我们了解一下会议流程的六条原则（见图11-2）。这是英特尔公司创始人之一的安迪·格鲁夫（Andy Grove）在他的《格鲁夫给经理人的第一课》[9]一书中介绍的，也是英特尔公司内部培训"高效会议"（Effective Meetings）所倡导的会议原则。

- 区分任务导向会议和流程导向会议
- 估计每项会议议程的用时
- 列出会议出席者
- 提前发布会议议程
- 明确做出决策的方法
- 明确每项会议议程所期望的结果

图11-2 会议流程的六条原则

1. 区分任务导向会议和流程导向会议

组织高效会议，首先需要明确会议的种类。平时常见的会议可以分成两类：任务导向会议和流程导向会议。任务导向会议是以完成具体的任务为导向，召开会议的目的是围绕如何圆满地完成任务而制订计划、明确职责、分配资源和做出决策。而流程导向会议一般是定期的、有固定议程的会议，会议的目的以信息分享与交流为主，出席会议的人员也相对比较固定，比如说主管和下属定期的一对一沟通会、定期的组会和部门会议等就

第 11 章 高 效 会 议

属于流程导向会议。由于这两类会议的形式和目的不同，会议的运作方式以及与会人员所需要做的准备工作也会有所不同。

通常来说，围绕任务的理解、分析和方案决策，任务导向会议一般包括三部分议程：汇总数据信息、解析数据和确定解决方案，三部分议程的大致时间分配是 50%、30% 和 20%。从这个时间分配我们可以看出，对相关数据和信息的理解与分析是任务导向会议的关键，也是确定解决方案的基础。

而流程导向会议以信息分享和沟通为主，一般的议程是与会人员陈述最新进展（根据不同的流程导向会议，可以是个人、团队、项目、部门等的最新进展），大家一起检查是否有遗漏或者有需要改进的方面，可能会根据情况做出决定去解决相关问题，也可能需要通过授权赋予相关人员一些权力和职责去跟进某些问题。

会议大致可分为任务导向会议和流程导向会议。在某些流程导向会议中，可能其中一个专门的议题就是解决个人/团队/项目/部门最新进展中的某个具体问题，在进行这个专门议题时，任务导向会议中的一些方法和技巧也可以被有效运用。

2. 会议议程

提供清晰明了的会议议程是保证会议高效的最重要手段之一。会议议程确定了一次会议的所有议题、各个议题的顺序及时间分配、议题负责人、议题进行的流程及期望结果（见图 11-3）。

会议议程需要在会前确定好并提前发给所有与会人员，以便与会人员能提前了解会议议题及各个会议议题的期望结果，相关人员也可以为会议的顺利进行提前做好相应准备。

CMR 项目团队周会会议日程

会议目标：项目团队例行周会（知识分享、项目进展回顾、专门议题讨论）

时间：××××年×月×日，9:00am–10:15am

会议组织者：李明

会议参与者：CMR 项目团队所有成员

时间	议题	议题负责人	流程方式	期望结果
9:00—9:30	程序性能分析工具介绍	张乐	分享	与会人员了解常用的程序分析工具及它们的典型用法
9:30—10:00	项目进展	所有组员	轮流发言+问题讨论	了解项目进展，对项目中存在的问题讨论出解决方法
10:00—10:15	团建目的地讨论	所有组员	头脑风暴+投票表决	确定团建的目的地

图 11-3　会议议程示例

3. 与会人员的角色与职责

为保证会议高效进行，我们需要明确会议中的一些必要角色。一般来说，高效会议离不开以下四个角色：

- 引导者（Facilitator）：引导者是会议的主导，一般由会议组织者做引导者，当然引导者也可以由会议组织者指派的其他与会者担任。引导的意思是让事情变得更加容易，会议的引导者是会议的领导者，需要对会议的有效性全盘负责。

- 计时员（Timekeeper）：计时员的主要任务是确保会议按时开始，准点或者提前结束，在达成会议目标的前提下不浪费与会者的时间。计时员需要对每个议题的时间进行把控，当某个议题有超时风险时及时进行提醒。

- 会议记录员（Recorder）：会议记录员负责做会议记录，认真记录会议期间讨论的要点、形成的决议以及会后的跟进事项，并形成会议纪要。

第 11 章 高 效 会 议

- 议题把关者（Gatekeeper）：议题把关者主要负责会议过程中的议题聚焦，确保与会人员不讨论议题之外的事情。如果有与会人员跑题了，议题把关者有责任进行干预并提醒。

在上面四个角色中，会议的引导者起到至关重要的作用。会议开始时需要明确对与会人员的期望，至少应该明确以下几个问题：

- 我们为什么开这个会？即明确会议目标，会议目标应包括在会议议程内。
- 与会人员为什么会被邀请？让每个与会人员都明白自己能给这个会议带来的价值，使与会人员能够快速融入会议、积极参与，并为会议的有效性做贡献。
- 每个与会人员在会议中的角色？会议开始时需要明确每个与会人员的角色，这样可以提升会议的有效性。
- 对每个与会人员的期望？明确与会人员需要遵守的会议基本规则。

引导者常用的技巧称为引导技巧。引导与指导不一样，指导是告诉别人该如何做，而引导是启发别人用他们自己的智慧去做事。引导通常的表现形式是问询而不是告知。作为一个引导者，当觉察出我们是在告诉别人该如何做事时，可以先暂停一下，然后思考如何把我们想说的内容转变成问题的形式去激发别人思考。表 11-1 列出了几个指导式沟通和引导式沟通的句式比较。

表 11-1　指导式沟通和引导式沟通的比较

指导式沟通的句式	引导式沟通的句式
你应该……	请问你考虑过哪些选项？
我觉得……	能不能分享一下你的想法？
你说……	如果我理解正确的话……
事实上……	通过这些数据你能得出什么结论呢？

4. 其他一些会议组织流程

为了提升会议效率，还有一些会议组织流程我们可以参考并根据实际情况有选择地使用，下面是常见的几种：

- 轮流发言：让每一位与会人员都有机会发言，确保所有人都有发表意见的机会。
- 做决策的流程：做决策是很多会议必不可少的一个重要流程，采取合适的做决策流程去做出合理的决策很重要，11.3 节会详细阐述相关内容。
- 搜集想法，再集中分类：请与会人员先在纸上把自己的主意写下来，然后把所有主意综合在一起进行分类，进而确保与会人员的所有主意能够被有效地组织在一起。
- 头脑风暴：鼓励与会人员畅所欲言，不对与会人员的主意进行任何的编辑、批评或者评价，从而让与会人员充分释放创造力，进而收集到数量足够多的主意。
- 开始 / 停止 / 警示：这个流程用于对会议过程中的一些活动进行协调和管控。比如进行举手表决时，需要有人来宣布表决的开始和结束；如果有人进行重复表决，需要及时进行警示。

5. 会议记录

会议记录是有效会议中不可缺少的一个环节。虽然会议记录的发布发生在会议之后，但它是对会议内容及会议决策的确认和归档，以及对会议中一些需要跟进事项的提醒。会议记录不是记流水账，需要尽量简洁，但又不遗漏重要信息。对于需要跟进的事项，在会议记录中需要明确负责人及事项跟进的截止时间点。图 11-4 描述了一个常见的会议记录模板。

第 11 章 高效会议

```
                          会议记录
       会议时间：
       会议参与者：××××（组织者），……，××××（记录员）



       会议摘要：




       会议决定：




       需跟进事项：
       1.（负责人 A）具体跟进事项 P（完成日期）
       2.（负责人 C）具体跟进事项 Q（完成日期）
```

图 11-4　一个常见的会议记录模板

11.3　做决策的方法

很多会议，特别是任务导向会议，都免不了需要在会议上做出决策。对于某些复杂并且具有重大影响的决策，由于需要在不同的可能选项中反复论证与权衡，通常需要召开多次会议才能做出决策。表 11-2 列出了四种常用的做决策的方法。

表 11-2　做决策的常用方法

方法	描述	可能的好处	可能的缺陷
咨询法	鼓励全体组员积极自由地讨论并贡献建议和想法，但最后由决策者全权制定决策	充分利用了集体智慧，在参与度和做决策速度上有比较好的权衡	必须密切监控决策的执行情况，以防决策没有被很好地执行

· 149 ·

(续)

方法	描述	可能的好处	可能的缺陷
一致同意法	全体讨论直至所有人的担忧和观点都被考虑进去，所有组员共同决策并全体通过	能产生对决策执行的高度承诺	可能成为最耗时的决策方法，有时决策者也可能采用这种方法逃避责任（反正是大家共同做出的决策）。如果这种方法被过度使用，决策很可能常常被那些最顽固的成员控制
权威决策法	管理者做出决策并宣布决策	最迅捷的决策方法，特别是当只有一种决策显得比较可行的时候	没有利用集体智慧，可能导致最低的对决策执行的承诺
投票法	全体组员都有投票权，得票最多的决策胜出	投票法是一种快速且简单易用的方法，常常作为在无法取得全体一致决策时的备用决策方法	可能把组员分成"赢家"和"输家"。有时可能会产生不负责任的情况（对"输家"而言），或者在所做的决策被证明无效时"赢家"可能被"输家"指责

不同的决策方法各有优劣，决策者在会议过程中可以根据实际情况合理选择。不管会议中采取何种做决策的方法，尽量让与会人员有机会表达自己的意见，在自由讨论并理解不同选项的折中后再做出决策。一旦做出决策，所有与决策执行相关的人员必须全力支持。当然，在做决策时也可以做好应急预案，预计在决策的执行过程中可能会碰到哪些风险并做出相应的安排去降低这些潜在风险对决策执行的影响。

通常来说，为了更加系统化地做出合理的决策并确保决策做出后的顺利执行，在做决策的过程中一般还需要考虑以下六个问题，以确保与围绕决策的各利益相关者都进行了有效沟通。

❏ 需要做什么决策？
❏ 决策需要在什么时间点之前做出？
❏ 谁是决策者？

- 在做决策之前需要咨询哪些相关人员？
- 谁会批准或者否决这个决策？
- 一旦做出决策，需要通知哪些相关人员？

小练习：结合自身的经历谈谈哪一种做决策的方法用得最多，为什么？

11.4 如何处理会议中的困境

会议的进展很多时候不可能是一帆风顺的，难免会遇到一些挑战。任何影响会议目标达成的情景都是会议中的困境，通常可以分为以下两类：与人有关的困境及与环境有关的困境。

- 与人有关的困境：这类困境是由于人（会议出席人员）的原因造成的，主要有以下三种。
  - 人在心不在：会议参与者不够专注，对会议目标没有贡献。
  - 分散或转移与会者注意力：会议参与者通过发表言论或者用非语言的行为分散其他会议参与者的注意力，让别人不能专注于会议。
  - 激烈质问者：会议参与者通过发表言论或者用非语言的行为表达对其他与会人员的不信任。
- 与环境有关的困境：这类困境是由于环境（物理环境、基础设施、文化等）的原因造成的，主要有以下三种。
  - 设备或者 IT 相关问题：常见的有计算机故障、投影仪故障、电话线路故障、视频会议卡顿、网络问题等。
  - 语言 / 文化障碍：由于语言能力或者文化背景差异而导致对发言者本来想要表达的意思产生了误解。比如沉默在某些国家的文化里表示认可，而在某些国家的文化里却表示不认可，面对这种情况需要确认与会人员真实的意见反馈。

- 物理环境上的困难：比如说环境噪声、室温过高等。

会议中的困境需要及时有效地被处理，否则会影响会议的高效性。其实大多数的困境是可以避免和预防的。与环境有关的困境可以通过预先检查来加以避免，会前熟悉与会人员及其背景也可以最大限度避免语言/文化障碍。此外，会议开始时和与会人员明确会议期望（会议的目的、目标、议程和原则）也可以减少与人有关的困境的发生概率。当然，会议记录也可以有效地避免会议参与者误解或者遗忘会议决策及会后跟进事项。

如果困境确实发生了，与环境相关的困境需要与会人员及时响应、快速处理甚至寻求专业人员的帮助，以最小化对会议的中断与干扰。如果与人有关的困境在会议过程中真实发生，需要现场有人出来进行干预，而常用的干预模型是"逐级干预模型"（见图11-5），即根据情况从低级干预开始，如果低级干预没有取得效果，则逐层提升干预级别，采用更高级别的干预手段进行干预，直至干预成功。在"私下处理"和"当场直接处理"这两个干预级别，与"困境肇事者"沟通时可以用一种非常重要的技巧：I-Statement。

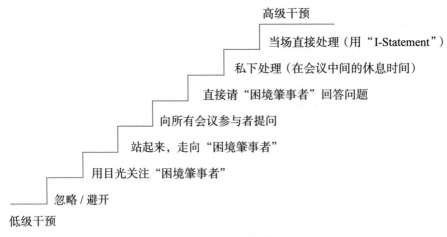

图 11-5 会议困境的逐级干预模型

第11章 高效会议

"I-Statement"是一种对事不对人的沟通技巧,这种技巧能够表达出我们对沟通对象行为的不认可以及沟通对象行为对我们产生的影响,但又不会被认为是对沟通对象的人身攻击。图11-6描述了"I-Statement"的典型句式。

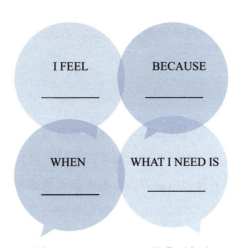

图11-6 I-Statement的典型句式

假如在某个会议中,明(Ming)一直在玩手机游戏,而你是会议的组织者,图11-7展示了你可以如何用I-Statement和明进行沟通。

	常见句式	I-Statement 句式
英文表述	Ming, stop playing the game on your mobile phone.	Ming, when you are playing game on your mobile phone during the meeting, I feel like I am organizing a useless meeting. Can we have a chat later on to discuss how to solve my problem?
中文表述	明,别再玩手机游戏了!	明,当看到你在会议上玩手机游戏时,我感到我在组织一个没有意义的会议,我们能否会后讨论一下如何解决我的问题?

图11-7 I-Statement的例子

从形式上说，使用"I-Statement"跟"困境肇事者"沟通，我们像是在表述自己的问题，而不是"困境肇事者"的问题。这样"困境肇事者"会表现得没有那么戒备，并会更有意愿去改变他们的行为。从这里我们可以看出，"I-Statement"也是解决矛盾的一种有效沟通方法。

小练习：请描绘一个场景并尝试用 I-Statement 去描述。

11.5 参加外部会议

在工作过程中，很多时候我们可能还需要参加一些外部会议，如商务会谈、学术会议、与第三方的特定主题交流会等。虽然对于不同类型的外部会议，它们各自的主题和日程可能会有比较大的差别，但有很多共性的地方是值得我们关注的。下面列出几点参加外部会议时有助于提升会议效率及会议参与效果的建议。

- 积极准备：参加会议前，了解会议的目的及自己在会议中所需承担的角色，并做好相应的准备。比如说如果需要发言，必须准备好发言稿并熟悉发言内容。同时需要根据会议地址和会议开始时间规划好出行安排，避免迟到。
- 仔细倾听：会议过程中，务必仔细倾听，做好笔记，准确理解会议内容。这是专业的表现，同时也可以让我们在需要时自如地跟单位同事分享会议内容中的重要信息。
- 沟通交流：参加外部会议是一个同与会人员沟通交流的好机会，同时也是一个认识同行及扩大朋友圈的机会。在会议进行的过程中切忌封闭自我，只做一个安静的聆听者。相反，积极发言、主动交流可以让我们拥有更多的收获。
- 明确立场：参加外部会议时，根据会议的性质，我们需要明确自己是否代表单位出席会议。在代表单位出席会议时，我们的发言及行为不但代表我们自己，还代表单位，所以需要更加专业与谨慎。

我认识一位朋友，他在参加国际学术会议前一般会认真研究会议日程，了解会议包含哪些议题以及哪些议题是自己感兴趣的，同时查看相应的议题包含哪些论文以及这些论文的作者是谁。会前他会花不少时间去了解这些论文相关研究问题的背景以及论文作者的背景，在会议中仔细聆听论文宣讲并积极提问，在会议茶歇时积极跟相关的论文作者进行面对面讨论。毫无疑问，每一次参加国际学术会议归来，他都收获满满。

小练习：根据你的观察和经验，还有哪些行为实践有助于提升参加外部会议的效率？

11.6 本章小结

每个人在职业生涯中都免不了需要参加很多不同类型的会议，会议效率是职场中人无法避免的问题。围绕如何提升内部会议的效率，本章介绍了组织高效会议的一些常用实践以及做决策的方法，并进一步介绍了如何妥善处理会议中碰到的困境。针对参加外部会议的情况，11.5 节给出了有助于提升会议效率及会议参与效果的几点建议。掌握本章的方法及实践有助于我们提升会议效率，进而提升团队和组织的效率，并最终加速自我成长。

思考题

请读者对自己参与过的会议进行概括和总结，列举出那些常见的导致会议低效的原因。如果以后再碰到类似情形，你又会采取什么方法来提升会议效率呢？

第 12 章

团 队 合 作

随着时代的不断发展,社会分工正变得越来越细,这导致企业的经营也越来越精细化。相应地,每个单位里面的岗位划分也越来越细,从而对团队小组成员之间以及团队之间的合作也提出了新的要求。作为刚刚参加工作的员工,每一位新人都隶属于某个团队。了解团队和团队精神、理解团队发展的阶段模型、理解精英团队的典型特征,以及学会面对可能碰到的团队冲突,这些都是大家必须经历的学习过程。

12.1 团队与团队精神

什么是团队?有一个例子可以很好地说明何谓团队。每年美国 NBA 赛季结束后,都会从各个优胜队伍中挑选最优秀的球员,组成"梦之队"赴各地比赛,以制造又一波观赛高潮。但"梦之队"的战绩却经常令球迷失望,为什么?其原因就在于他们不是真正的团队。虽然他们都是每队最顶尖的球员,但是因为平时不属于同一球队,没有时间培养出真正的团队精神,形不成强有效的团队出击。

因此,团队并不是一些人的机械组合,它和群体不同。比如说,公共汽车上的乘客以及大型超市里面的顾客就只能称作群体,而不能称作团

第 12 章　团 队 合 作

队。一个真正的团队应该有共同的目标，其成员的行为之间相互依存且相互影响，并且能相互合作，以追求团队的成功。团队的英文是 TEAM，有人把 TEAM 阐释成 Together Everybody Achieves More，即上述四个单词的首字母构成了 TEAM 这个词，而这四个单词构成的句子也正好完美地阐释了团队的含义！

在所有的动物之中，狼是将团队精神发挥得淋漓尽致的动物。狼群在捕获猎物时非常强调团结和协作，因为和其他猛兽相比，狼实在没有什么特别的个体优势，所以在生存、竞争、发展的动物世界里，它们懂得了团队的重要性，久而久之，狼群也就演化成了"打群架"的高手。在促使狼群能成功捕猎的众多因素中，严密有序的集体组织和高效的团队协作是其中最明显和最重要的因素。这种特征使得狼群在捕杀猎物时总能无往不胜。狼群总是协同作战，正是因为如此，虽单打独斗时狼不敌虎、狮、豹，但狼群可以杀死它们，在蒙古草原上所有的猛兽都被狼驱逐出草原，任何动物遇到狼群都相当害怕，为什么？因为狼群靠的是协同作战，所以其他动物都不敢惹狼。从某种角度上说，"狼文化"的一个重要体现就是团队精神。

从深度上讲，团队精神有程度上的差别。有的团队成员表现出的团队精神可能主要是出于个人利益考虑，也有的可能是建立在与团队互惠互利的基础上。不过通常而言，团队精神应该建立在团队与个人之间辩证统一的基础之上。从广度上来说，一个团队中可能只有少数几个人具有团队精神，也可能是多数人甚至是全部成员都具有团队精神。在后一种情况下，团队通常会取得辉煌的成就。在团队中只有少数人具有团队精神时，我们希望通过对团队精神的维护与培育，使团队精神可以逐渐弥漫扩展，最终充斥于整个团队。

小练习：请谈一谈你对团队精神的直观理解。

12.2 团队发展阶段模型

对于一名新员工来说，团队精神的培养需要经历一个过程，是在加入团队后跟其他团队成员一起紧密工作，跟随团队共同成长的过程中逐渐培养出来的。按照塔克曼的团队发展阶段模型[1]，任何一个团队在成长、迎接挑战、处理问题、发现方案、规划、处置结果等一系列过程中必然要经过如图 12-1 所示的五个阶段。下面我们就对这五个阶段逐一进行详细介绍。了解了团队的发展阶段模型，作为新员工便能更加顺利地融入团队并和团队一起成长。

图 12-1 塔克曼的团队发展阶段模型

1. 组建阶段

组建阶段（Forming）是团队发展进程中的起始步骤，它促使个体成员转变为团队成员。这时，团队中的人员开始相互认识。在这个阶段中，团队成员大都急于开始工作。团队要树立形象，试图对要完成的工作进行明确分工并制订计划。然而，这时由于团队成员不了解他们自己的职责及其他项目团队成员的角色，因此几乎没有开展实际工作。在组建阶段，团队需要明确方向，团队主管应提供指导并构建团队。

2. 激荡阶段

团队经过组建阶段后，隐藏的问题逐渐暴露，就会进入激荡阶段

---

[1] 参见 https://wiki.mbalib.com/wiki/Tuckman%E7%9A%84%E7%BE%A4%E4%BD%93%E5%8F%91%E5%B1%95%E6%A8%A1%E5%9E%8B。

第 12 章 团 队 合 作

(Storming)。这里说的激荡包括团队成员之间、团队成员与环境之间、团队成员与组织制度系统之间、团队成员的传统行为与新团队要求的行为之间，以及新旧观念之间等诸多方面。

激荡阶段的特点是团队成员容易产生挫败、愤怨或者对立的情绪。工作过程中，每个团队成员根据其他团队成员的情况，对自己的角色及职责产生更多的疑问。当开始遵循操作规程时，他们会怀疑这类规程的实用性和必要性。团队主管需要确保每个成员明白其自身职责，并协调处理队内矛盾。同时，团队主管有必要组织团队一起解决问题，共同做出决策。在激荡阶段，团队主管的管理和指导将起到至关重要的作用。

3. 规范阶段

经过一段时间的激荡，团队将逐步走向规范。在规范阶段（Norming），最重要的是形成新型的团队规范和增强团队的凝聚力，从而形成强有力的团队文化。这种团队规范与团队在组建之初所规定的行为准则有差别。它是经过一段时间的激荡后形成的，并为团队成员普遍遵从。而最初的行为准则可能最终并不一定被大家所认可，它只是对最终规范的形成起到引导作用。团队规范属于一种群体规范，其形成与维持源于群体压力，即当群体中某个成员与多数成员的意见或行为不一致时，会感到无形或有形的压力。这时团队建设的任务，一是要使团队规范的内容是合乎情理的，并为大家所接受；二是要鼓励成员发挥个性，提高成员的团队责任感；三是创造条件并营造氛围来鼓励个人为团队的成长及目标的实现而尽职尽责、尽心尽力。

在规范阶段，团队会逐步成型，如何形成有力的团队文化，形成适当的行为规范，促进共同价值观的形成，调动个人的活力与增强团队的凝聚力，培养团队成员对团队的认同感、归属感、一体感，营造成员间互相协作、互相帮助、互敬互爱、关心集体、努力奉献的氛围，将成为团队建设的重要内容。团队能否顺利渡过规范期以及团队形成的规范是否真正高效有力，将直接影响团队建设的成败与最终的绩效。

4. 执行阶段

在执行阶段（Performing），团队成员的注意力已集中到了如何提高团队的效率和效益上来，大家把全部精力用来对付各种挑战，这是一个出成果的阶段。此时，团队成员的角色都很明确，大家都深刻领悟到完成团队的工作需要相互配合和支持，同时已经学会以建设性的方式提出异议。大家高度互信、彼此尊重，也呈现出接受群体外部新方法、新输入的学习状态。整个团队已熟练掌握处理内部冲突的技巧，也学会了团队决策和团队会议的各类方法，并能通过团队会议集思广益，做出高效决策，进而通过大家的共同努力去追求团队的成功。在执行任务的过程中，团队成员彼此加深了了解，增进了友谊，同时整个团队在摸爬滚打中更加成熟，工作也更富有成效。

5. 休整阶段

休整包括休止和整顿两种可能。对于为完成某项特定任务而组建的团队而言，伴随着任务的完成，该团队就进入休整阶段（Adjourning）。这时团队成员开始放松情绪，团队也极可能因为任务的完成而解散，这时通常会划一个明确的"休止符"，如召开表彰大会、总结经验、给团队的工作下结论、开告别会等。而对于另外一些团队，如大公司的执行委员会，在完成阶段性工作任务之后，会开始暂时休整而准备进入下一个工作周期，此间可能会有团队成员的更替，即可能有新成员加入，或有原成员退出。对于经过以上各阶段的努力未能建成真正的战斗集体、在执行期表现不尽如人意的团队，进入休整阶段时，可能会被勒令整顿，即通过努力消除一些假团队特质，经过"回炉处理"，希望锤炼成真正的团队，这极可能需要经历又一轮团队发展的循环过程。

第 12 章 团队合作

有一点需要说明的是，并不是每个团队都会经历团队发展的五个阶段。有时由于团队发展过程中发生的一些不可预知的因素，比如项目突然取消、突然发生的组织变动等，在激荡阶段、规范阶段和执行阶段都有可能导致团队变动，从而进入新的团队组建阶段。

12.3 精英团队

加入精英团队基本上是每一位职场新人的梦想，那什么样的团队是精英团队呢？精英团队的团队成员认可一致的"愿景、使命、价值观"。把一群精英聚在一起不叫精英团队，一群人为了共同的目标同甘共苦、齐心协力、共创未来，才是精英团队。精英团队必备的五个基本要素如图 12-2 所示。这五个基本要素为我们确立了努力的方向，让我们知道作为新员工该如何去做人做事以实现自我成长。

图 12-2　精英团队必备的五个基本要素

1. 目标一致

精英团队有一个共同愿景，它说明了团队之所以存在的主观原因，每个成员都清楚地了解它，认同它，都愿意为共同愿景的实现而奉献全部心力。精英团队有着明确的共同目标，这一目标是共同愿景在客观环境中的具体化呈现，并随着环境的变化而有所调整，但每个成员也都了解它，认同它，都认为共同目标的实现是达到共同愿景的最有效途径，即团队不应该在如何实现共同愿景的问题上有路线分歧。精英团队的每一位成员都了解共同目标实现后对组织的贡献和影响。为使项目团队的工作更有成效，需要高度明确工作范围、质量标准、预算和进度计划。对于要实现的项目目标，每个团队成员必须对这一结果以及由此带来的益处有共同的设想。

为确保团队成员熟悉并认可团队目标，一种常见的做法是让目标随处可见，比如出现在团队的宣传资料上、呈现在团队的内部网站上甚至贴在团队工作空间的墙壁上。除此之外，团队还会采用不同形式的沟通方法（会议沟通、邮件通知、故事会、问答等）以确保团队成员对目标的一致理解。当然，常态化实时跟踪目标的进展，并采取相应措施促进目标的达成，是让团队成员心中真正拥有清晰的团队目标的有效措施。

2. 职责分明

精英团队的每一位成员需要有明确的职责分工。作为团队的一员，我们除了需要清楚地了解自己的角色和职责外，还需要知道自己的工作和团队目标之间的关系，这样才能更加深入地理解自己的工作在整个团队中的位置，明确工作的意义，以便更好地为团队的目标达成而努力。

在团队目标的实现上，整个团队需要充分发挥每个团队成员的优势。此外，团队成员被鼓励参与项目计划的制定，并用职责分配矩阵（Responsibility Assignment Matrix，RAM）来呈现工作与项目团队成员之间的联系，从而让团队成员更加清楚地了解他们之间的互相协作和互相支撑，见图12-3。同时，团队需要及时安排相关培训，让团队成员获得提升和成长。而作为新加入团队的一员，我们必须明确团队目标和自己的职责，并了解自己的工作和其他组员工作之间的关系。

在图12-3中，负责人对任务全权负责，贡献者承担任务的执行，咨询对象指拥有完成任务所需的信息或能力的人员，被告知者指的是应及时被告知任务进展或执行结果的人员。一个团队通常由承担不同职责的成员构成，同时一个成员也可能在不同的任务中承担不同的职责。

第 12 章 团 队 合 作

	组员 A	组员 B	组员 C	组员 D	组员 E
任务 1	负责人	贡献者	贡献者	咨询对象	被告知者
任务 2	被告知者	咨询对象	咨询对象	负责人	贡献者
⋮	⋮	⋮	⋮	⋮	⋮
任务 n	负责人	被告知者	被告知者	被告知者	被告知者

图 12-3　职责分配矩阵模板

3. 相互信任

精英团队的成员理解他们之间的相互依赖性，相信并承认团队中的每位成员都是项目成功的重要因素。每位成员都相信其他成员会认真履行职责去做他们要做和想做的事情，而且会按时高质量交付。团队成员之间虽然存在差异，但能做到彼此关心、互相支持。

精英团队会营造一个团队成员自由沟通和交流的环境，鼓励团队成员持有不同的意见并自由地表达出来。团队成员如果碰到问题也可以放心地及时反馈，内心也深信反馈后的问题能够被及时讨论和解决。项目进展过程中不论发生什么事情，团队成员之间都能够做到坦诚沟通。

作为团队中的新人，我们需要养成积极正面的思考习惯，不对团队成员做负面的猜疑，在工作过程中通过自己的努力去获得其他团队成员的认可。职场中一个很重要的事实是"信任是自己挣来的，而不是别人给予的"。

4. 高效沟通

团队协作的过程中沟通无处不在，高效沟通是团队成员之间减少误解、建立友谊和统一认识的有效手段，也是提高团队合作效率的基础。一个卓有成效的项目团队通常要进行开放、坦诚和及时的沟通。成员愿意交流信息、想法及感情。

高效沟通从理解不同团队成员沟通风格的差异开始。在团队成员之间一对一的单独沟通中，用对方习惯的沟通风格站在对方的角度去交流，同时做到就事论事、不带个人偏见，在共情的作用下沟通的效率一般会大幅度提升。

有些工作习惯也有助于提升沟通的效率，下面列举常见的几个：

- 提前发出会议议程。
- 在讨论方案之前提前几天把方案发给参与讨论的同事。
- 项目可能有问题时，提前知会相关人员，以避免"突然惊喜"。
- 如果一件事情需要通知很多人，可以把相关人员聚在一起，公开透明地沟通和讨论。

在团队合作中如果需要远程协作，不在同一地域的双方更需要增加沟通频率，通过电话、电子邮件或者视频会议的形式增进彼此之间的了解与信息共享。因为距离而产生的疏远容易使人产生不信任感，我们一定要注意，避免让空间上的距离成为信任上的距离。

5. 成就彼此

精英团队之所以被称作精英团队，不但是因为每一位团队成员都很优秀，更重要的是作为一个整体，精英团队敢于打硬仗和善于打硬仗，正是团队历史上的一次次成功铸就了精英团队的品牌。

作为精英团队的一员，个人和团队之间是相互成就的关系，每个团队成员在为团队的荣誉与品牌做出不懈努力的同时，也从团队的荣誉与品牌中受益，在内心深处会因为成为精英团队的一员而感到自豪。

团队合作中更重要的是团队成员之间的相互成就。想成为精英团队，团队成员之间通过互相帮助而共同成长应该是工作中的日常。他们不会为寻求其他团队成员的帮助而感到难为情，团队成员能成为彼此的力量和源泉，而不仅限于完成每个人自己负责的任务。团队中的每一位成员都希望看到其他成员出色地完成任务，并愿意在其他成员陷入困境或停滞不前的时候提供帮助。此外，团队成员能接受彼此的反馈及建议性的批评。基于团队成员之间的团结互助与无缝合作，团队就能在解决问题时更具创造性，并能及时地做出决策，从而让团队的品牌更加闪亮。

小练习：请你描述一个从电影、电视剧、小说或者现实生活中看到的精英团队的例子，并分享一下为什么你觉得这是一个精英团队。

12.4 精英团队的团队文化

团队文化是一个团队的灵魂，是让团队成员形成团队归属感的根。团队成员可以动态变化，但一个团队的团队文化却相对固定。一般来说，精英团队的团队文化受团队创始人的影响比较大，在团队的成长过程中逐步发扬与沉淀。通常来说，精英团队需要让团队成员找到家一样的归属感，而且能够在这个大集体中和其他志同道合的团队成员密切协作，自如地发挥自己的潜能并为团队发展积极做贡献。

即使在同一个单位，不同精英团队的团队文化之间也可能差别甚大，但在团队品牌、创新和奖励三个方面一般具有很大的共性。作为新员工，了解精英团队及其团队文化共性，一方面有利于我们在融入阶段体会所属团队的团队文化，另一方面也可以帮助我们探寻如何为营造更加卓越的团队文化做出自己的贡献。

1. 团队品牌

精英团队的名字本身就是一个很好的品牌，是通过团队成员的奋斗和努力获得的来自单位及业界的认可。而这个品牌很多时候是通过团队中的每一位成员来体现的。我们的一些不经意的言行，有时也会给团队的品牌带来影响，因为在别人看来，我们的一言一行很大程度上代表着我们所属的团队。从某种角度来说，任何一个团队成员都是团队文化的践行者和体现者，同时也都肩负着打造团队品牌的责任。

作为精英团队的一员，每一位团队成员应该能够感受到关怀和温暖。精英团队的文化需要建立在平等之上，即每一位团队成员都是平等的，也是需要被尊敬的，团队成员之间发自内心的互敬互爱、团结互助也将铸就团队成员的自豪感与归属感。精英团队的做事方式、团队成员的相处方式等需要让员工随处可见，并从员工的日常行为中充分体现，从而形成团队流动的"品牌宣传"。

2. 创新

创新也应该成为精英团队文化的一个重要组成部分。拥抱创新才能不断进步，才能不断发现新的增长点、开发新产品、拓展新的业务模式或者优化已有技术及现有产品的竞争力，也才能更好地发挥团队成员的创造力、潜能及主观能动性。

精英团队需要建立一个有效的机制，让团队成员的建议和反馈有机会被讨论，在讨论后采纳那些大家觉得不错的建议和反馈，并在宣传、经费、人力等各个方面给予实质性的支持。这样的机制可以最大限度地鼓励每一位团队成员创新性地思考问题并积极地解决问题，从而打造一个极具创造力的团队。

毫无疑问，任何创新都有可能伴随风险，拥抱创新的另一个非常重要的体现就是团队成员被鼓励要勇于尝试、不怕失败。这样才能围绕团队目标，通过团队成员的不懈努力系统性地建立一个创新项目流水线，形成技术和产品创新的智慧源泉。

3. 奖励

奖励通常被认为是鼓舞士气、树立典范的一条有效途径。当然，奖励不当也可能会造成误解或者不经意间挫伤某些团队成员的积极性。奖励需要确保公平公正，那些真正为项目、团队和单位做出杰出贡献的团队成员应能及时获得奖励；也就是说，奖励必须以结果为导向，即以对单位项目、技术、产品或者公司运营的贡献作为衡量，而不是以时间投入的多少作为衡量。"没有功劳也有苦劳"的奖励做法，会导致"出工不出活"团队文化的蔓延，也不可能造就精英团队。

奖励可以分为物质奖励和非物质奖励，物质奖励的主要体现形式是升职、加薪及奖金，而非物质奖励的种类就多了，可以是与公司高层管理人员或者技术专家的餐会、额外的带薪假期等，甚至仅仅是公共场合的一次口头表扬或者一个善意的微笑。统计发现，在奖励上创新，特别是在非物质奖励方面的创新，往往更容易获得团队成员的认可并有助于鼓舞士气。精英团队通常都善于运用物质奖励和非物质奖励的组合。

此外，精英团队的成员之间充溢着认可和感恩，这种互相认可、互相感恩的文化对团队成员之间的协作与互助起到了助推的作用，团队成员在彼此关怀、互相信赖的环境里铸就团队的辉煌。

12.5 如何面对团队冲突

冲突是团队无法避免的问题之一，它是指由于目标、资源、预期、感觉或价值观的不相容，两个或更多的人之间以及工作小组之间所产生的不一致。冲突可能导致团队成员相互间的抵触，引起团队的分裂甚至瓦解，因此必须避免和限制冲突。

但在某些情况下，冲突对团队却是有益的。很多时候，冲突能够促进团队成员对重大事项进行审慎分析，是"百家争鸣、百花齐放"局面形成的催化剂。由于冲突会带来竞争，而竞争能够唤起团队成员一定程度的紧迫感和危机感，从这个角度上说对团队也是有好处的。有时我们将一些潜在的冲突显性化，反而有利于改善团队气氛，减少紧张，增进团队成员之间的关系，有时也能够增进团队内部的协调与合作。

既然团队冲突具有两面性，作为新员工，我们该如何正确理解团队冲突，并如何正确面对呢？

通常，团队冲突可以分成以下三类：

- ❑ 角色冲突：某一团队成员被期望担负的角色与其实际所担负的角色不一致所带来的冲突。
- ❑ 人际冲突：指发生在团队成员之间的冲突，根据导致发生人际冲突的原因又可以分成如下几类。
  - 资源稀缺导致资源分配不均而产生的人际冲突。
  - 不同团队成员的目标、方向和价值观等不同而导致的人际冲突。
  - 不同团队成员的手段（比如说为实现目标所采取的方针、程序和策略）不同而导致的人际中突。
  - 不同团队成员对事实认识不同而导致的人际冲突，通常可以通过团队内良好的沟通和有效的信息传递解决此类冲突。
- ❑ 团际冲突：指发生在不同的团队之间的冲突，根据导致发生团际冲突的原因又可以分成如下几类。
  - 任务的双向或多向依赖性导致承担不同任务的团队之间发生的冲突。
  - 任务的单向依赖性导致的依赖团队和被依赖团队之间发生的冲突。
  - 团队之间绩效考核标准和报酬体系不同导致的团际冲突。
  - 团队间的基本差异（比如团队结构、组织方式、团队文化、领导风格等）导致的团际冲突。

第 12 章 团 队 合 作

因为团际冲突通常由团队主管或者上一级的主管来解决，作为新入职员工的我们通常需要处理的冲突是角色冲突和人际冲突。

如果我们遇到角色冲突，可以先尝试努力去完成自己当前角色的职责。俗话说做一行爱一行，说不定做着做着自己就喜欢上这个角色了，从而角色冲突也就自动消失了。假如做了一段时间后还是觉得角色融入有困难，建议跟主管坦诚沟通，从主管那里去寻求帮助。

如果遇到人际冲突，我们该如何处理呢？在回答这个问题前，让我们先了解一下团队成员间处理人际冲突的五种常见方法。

- ❏ 回避或撤退：回避或撤退的方法是指卷入冲突的人从这一情况中撤出来，避免发生实际或潜在的争端。例如，如果某个人与另一个人意见不同，那么第二个人只需沉默就可以了。但这种方法并没有在根本上解决冲突，反而会导致冲突的积聚，并在后来逐步升级。
- ❏ 竞争或逼迫：竞争或逼迫的方法是指把冲突当作一种胜败的局势，这种方法认为在冲突中获胜要比人们之间的关系更有价值。在这种情况下，人们会使用权力来处理冲突。例如，团队主管与某位团队成员就关于应用何种技术方法设计一个系统而发生冲突。这时，团队主管只需利用权力命令："别再争了，按照我说的方法做。"用这种方法处理冲突，会导致团队成员产生不被尊重的怨恨心理，从而恶化工作气氛。
- ❏ 调停或消除：调停或消除的方法是指尽力在冲突中找出意见一致的方面，尽最大可能忽视差异，对可能伤害感情的话题不予讨论。这种方法认为，人们之间的关系要比解决问题更重要。尽管这一方法能暂时缓和冲突形势，但它并没有将问题彻底解决。
- ❏ 妥协：妥协的方法是指团队成员寻求一个折中的方案，着重于分散差异。团队寻求一种方案，使每个团队成员都得到某种程度的满意结果。但是，这种方法并非一个很可行的方法。例如，项目团队成员确定某项项目任务的预计完成时间，一位成员说："我认为这项任务需要 15 天。"另一个却说道："不可能，用不了这么长时间，也许五六天就够了。"于是，他们很快分散异议，同意 10 天完成，但这也许并非最合理的预计。

- 正视问题：通过这种方法，团队成员直接正视问题，目标是得到一种对团队最有利的结局。他们既正视问题的结局，也重视人们之间的关系。每个人都以积极的态度对待冲突，并愿意就面临的冲突广泛交换情况。把异议都暴露出来，尽力找出最好、最全面的解决方案。基于新的情况和信息的交换，每个人都愿意放弃或重新界定自己的观点，以便形成最佳方案。

其实从上面的描述中我们不难看出，正视问题是解决人际冲突的最佳方法。如果我们在融入团队的过程中遇到人际冲突，需要做的就是正视冲突，积极面对，共同探讨解决冲突的最佳方案。当然，这种方法有效的前提是建立良好的团队环境。在这种环境下，团队成员之间的关系是信任、开放、友善、坦诚的，团队成员相互之间以诚相待，目标一致，不用担心存在偏见及报复。而这样的团队环境，正是每个团队的成长目标。

小练习：分享一下你以前碰到过的一次人际冲突以及你是如何处理这次冲突的。

12.6 本章小结

本章介绍了团队精神和塔克曼的团队发展阶段模型，进而介绍了精英团队必备的五个基本要素和精英团队在团队品牌、创新和奖励三个方面的团队文化共性。最后，本章还介绍了常见团队冲突以及如何面对角色冲突

第 12 章 团 队 合 作

和人际冲突。作为一名新加入团队的成员，我们需要深度了解团队文化，理解团队目标，快速和其他团队成员建立信任，在通过紧密的团队协作圆满完成任务、收获自身成长的同时，努力为建设更加卓越的精英团队文化而努力。

思考题

通过自我探索，并结合自己的经历，请读者思考一下自己在过去的团队合作中做得好的方面以及需要提升的方面，并列出一个在未来的团队合作中有效提升自己的行动计划。

第 13 章

工 作 演 讲

工作中的很多场合都需要我们去做演讲，在职业发展过程中随着职级的提升，我们的演讲机会也会越来越多。不同演讲的目的有所不同，有的演讲是为了分享观点和信息，有的是为了获得他人的支持，有的则是为了鼓舞听众。不管出于什么目的，各类演讲场合都需要我们充满自信，并且拥有逻辑清晰且富有影响力的演讲能力。本章将介绍工作中常见的演讲类型，同时介绍如何为演讲做好充分的准备以及如何在演讲现场做好演讲。此外，本章也会介绍演讲过程中发生特殊情况时的一些处理技巧，以及对外演讲需要注意的一些事项。

13.1 常见的工作演讲类型

根据演讲目的和动机的不同，工作场合中常见的演讲按图 13-1 所示可以分为信息分享、项目立项及进展汇报。

1. 信息分享类

在信息分享类的演讲中，演讲者主要分享自己擅长的内容或者经过梳理后的一些信息及洞见。这类演讲的重点在于所分享内容及信息的准确

第13章 工作演讲

性、时效性及跟听众的相关性。如果分享的信息与听众关系不大，则比较难引起听众的兴趣。如果信息本身的准确性有问题或者分享的是过时的信息，则听众的参与度以及对演讲者的反馈会受到很大的影响。根据听众的来源，信息分享类的演讲可以发生在团队之内，也可以是跨部门或者是公司层面的分享，甚至是业界的外部分享，在国际会议或者业界大会上所做的分享即属于信息分享类演讲。

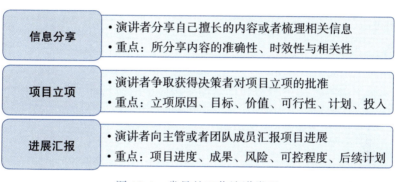

图 13-1　常见的工作演讲类型

2. 项目立项类

在项目立项类演讲中，演讲者希望通过演讲获得决策者对项目立项的批准，从而获得人力、资金及其他资源等不同层面的支持。这类演讲的重点是需要在有限的时间内清晰阐述立项背景/原因、项目目标、项目价值/回报、项目可行性、项目计划及项目所需的投入，从而打动决策者，让他们做出同意立项的决定。单位内部各个层面的项目立项都需要项目发起者或者负责人做立项演讲，创业者也需要通过类似的演讲去打动投资人。此外，销售人员给客户做的方案/产品介绍，从某种角度上来说也可以归属于项目立项类，不过这个立项是影响客户"立项"（即影响客户的采购决定）。

3. 进展汇报类

在进展汇报类演讲中，演讲者的主要目的是向主管或者团队成员汇报项目进展，让大家对项目的进展情况有大致的了解。如果项目中碰到挑战，演讲者也可借此机会寻求团队帮助。进展汇报类演讲的重点是项目进度、项目进展到当前阶段所取得的成果、项目的潜在风险、项目风险的可控程度以及项目的后续计划等。可以说进展汇报类演讲是每一位员工都必须经历的，我们每一位从业者也有责任和义务让主管及团队成员了解我们所参与的项目情况以及自身工作的进展。其实我们平常所说的个人述职也属于进展汇报类演讲，这里的进展主要指个人对单位的贡献、个人成长以及个人职业发展方面的进展。

工作中的演讲大多数都可以归结为上述三类演讲类型。或者说，只要我们熟悉上述三类演讲类型并且掌握了相应的演讲技能，便可以相对自如地进行各类演讲，从而更加顺利地推进工作。

13.2 演讲准备

不管进行什么演讲，我们都需要认真对待，精心做好准备，从而使自己自信地完成演讲。

从接受演讲任务到演讲完成，大致的流程如图 13-2 所示。之所以给"接受"打了双引号，是因为有时演讲任务是被主管或者他人指派的，而有时其实是自己主动争取的。在整个流程中，前期准备（虚框中的那些准备工作）是最花时间的阶段。在"基于 PPT 的演讲构思"和"演讲排练"两个阶段，有可能会由于不满意 PPT 的内容呈现或者演讲逻辑而返回前期准备阶段。在某些场合的正式演讲之后，也有可能会返回前期准备阶段，比如项目立项演讲，可能会由于效果不好而被要求重新立项。下面我们来逐一介绍正式演讲之前各阶段的详细准备工作。

第 13 章 工 作 演 讲

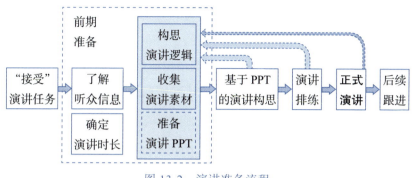

图 13-2　演讲准备流程

1. 了解听众信息

演讲的本质是给听众传达他们感兴趣的关键信息（Key Message），而不仅仅是完成自己的演讲任务。如果不了解听众，不理解听众的需求，则根本不可能圆满地达成演讲的目的。

明确了听众的人员组成，我们便可以更加准确地了解听众的需求，并针对听众的需求更有效地准备演讲材料，也可以更好地预计在自己的演讲中听众可能会问哪些问题并做好相应的准备。即使是同一个主题的演讲，听众不同，演讲内容的组织以及演讲的方式可能会差别甚大。比如说同样是给主管做项目汇报演讲，负责业务的主管可能更关心产品竞争力、客户资源、销售渠道、销售业绩等；而负责技术的主管可能更关心产品的技术细节、研发创新，以及产品在技术和功能上的研发进展和规划。

在确定好演讲任务之后，我们可以通过各种渠道去了解听众信息，除了明确听众的人员构成，我们还需要尽量多收集听众相关的信息。如果可以找到给同一批听众做过演讲的人，也可以向他们咨询相关的听众信息。需要了解的与听众相关的常见信息如下：

❏ 听众对我们即将要演讲的内容是否熟悉？熟悉到什么程度？

- 听众是否喜欢了解跟演讲内容相关的更多细节和数据？
- 听众是否喜欢频繁中断演讲过程？
- 听众喜欢什么样的 PPT 风格？简洁型还是图文并茂型？
- 听众是喜欢正式的演讲还是喜欢比较随意的沟通/交流/讨论？

2. 确定演讲时长

超时是很多演讲者演讲时容易出现的一个问题，因为一不小心就容易讲多，以至于"刹不住车"。所以我们在准备演讲时，一定要先确认演讲时长，然后按照给定时间的长短来准备演讲内容，这既是专业程度的体现，也是对听众的尊重。

知道演讲时长，我们对 PPT 的页数便可以有一个大致的估计，也更加清楚在规定的篇幅内如何围绕关键信息的清晰传达去组织内容。当然，演讲时对时间的把控能力需要在实践中提升，演讲的经验越丰富，对时间的把控一般就会越精准。

3. 准备演讲 PPT

我们在准备演讲 PPT 之前，必须先构思好演讲逻辑。基于对听众的了解，选择一个能够吸引听众的演讲逻辑，然后根据演讲的关键信息及演讲逻辑去收集尽量多的相关演讲素材。常见的演讲素材包括图片、音频、视频、故事、数据等。

一个吸引听众的演讲题目非常重要，它会让听众对我们的演讲更加充满期待。由于题目和 PPT 封面会首先出现在听众视野中，搭配演讲题目的 PPT 封面设计也非常关键，精心设计的 PPT 封面毫无疑问将有助于吸引听众的注意力。

当然，整个 PPT 应该围绕关键信息的传达而设计，在 PPT 中应该以某种方式（如粗体、变换颜色、下划线、斜线等）强调关键信息。在设

第 13 章 工 作 演 讲

计 PPT 时，注意内容的准确性，并且让整个 PPT 看起来简洁、聚焦。恰当运用视觉效果可以让整个演讲增色不少，我们可以从先前收集的各种演讲素材中选择合适的能够帮忙传达关键信息的素材，并按照演讲逻辑放在 PPT 中的适当位置。如果相应的数据（如自己收集的数据、所在团队通过实验得来的数据、第三方公开的数据）有助于关键信息的清晰传达，我们可以通过合适的可视化方式把这些数据放在 PPT 中，因为数据是最好的证明。

受演讲时长的限制，如果有些内容跟演讲主题相关，但又不大可能在演讲过程中详细讲述，则可以把这些内容放在备用 PPT 中。如果希望对自己演讲内容感兴趣的听众在演讲之后联系自己且演讲 PPT 封面上没有显示自己的联系方式，则可以在演讲的最后一张幻灯片上留下自己的联系方式。

4. 基于 PPT 的演讲构思

演讲 PPT 做好以后，接下来需要基于设计好的 PPT 来构思演讲的全过程。这里需要强调的一点是：不管是有经验的演讲者还是演讲新手，熟悉 PPT 的所有内容以及其他跟演讲主题相关的内容是做好演讲的先决条件。

演讲构思的第一步可以从准备开场白和结束语开始。好的开场白能进一步激发听众的兴趣，自然地把听众的注意力拉入自己接下来的演讲中。好的结束语除了礼貌恰当地结束自己的演讲之外，还可以通过再次强调演讲的关键信息从而给听众留下更多回味和思考的空间。

基于 PPT 的演讲构思也是一个验证演讲逻辑是否合理流畅的过程。从开场白开始，按照 PPT 一页一页地讲下去，验证每一页跟上一页之间的承接逻辑是否自然，每一页的内容是否足够简洁。在构思如何演讲某一页时，可以进一步思考如下问题，一直到最后一页，然后以结束语结束演讲。

- ❏ 这一页该如何讲？
- ❏ 是否需要用动画的形式来展示这一页的内容？
- ❏ 是否需要插入相关的小故事来让演讲更加生动，从而吸引听众？
- ❏ 是否需要插入相关的互动环节？

在演讲构思的过程中如果发现需要改进演讲逻辑，可以返回去通过调整 PPT 的顺序或者修改 PPT 的内容来让演讲逻辑更加自然流畅。如果演讲过程中或者演讲之后允许答疑，在演讲构思过程中还需要预计听众可能会提哪些问题，并做好回答这些问题的准备。

从上面的阐述我们可以看出：如何演讲跟演讲内容以及演讲内容该如何呈现是息息相关的，所以在准备演讲的过程中，准备 PPT 和基于 PPT 的演讲构思很可能需要多次反复。

5. 演讲排练

基于 PPT 的演讲构思考虑了如何开场、如何讲解每一页 PPT 以及如何结束演讲，从某种角度上说，这其实已经为演讲排练做好了充分的准备。

演讲排练就是模拟真实的演讲环境，在限定的演讲时长内面对虚拟听众做一次演讲。这里的虚拟听众可以由同事或朋友来充当，这样可以获得听众的真实反馈。如果同事或朋友中有"魔鬼代言人"（对演讲比较挑剔，而且能提出刁钻但又富有建设性问题的人），那排练的效果会更好。在某些特殊的场合，如果找不到合适的虚拟听众，我们也可以假设台下坐满了听众而进行自我排练。当然，演讲排练过程中的自我感觉与体验也非常重要，自己拥有良好的体验才能增强自信。一种常见的提升演讲技能的方法是给自己的演讲排练全程录像，然后不断地看录像回放，发掘演讲过程中自己在口头表达、语速控制、身体语言、切换承接、眼神接触、问题回答、时间控制等各个方面的提升点。有时间的话，可以进行多次演讲排

第13章 工作演讲

练，直到自己满意为止。在演讲排练中如果发现演讲逻辑或者PPT的改进点，也需要返回到前期准备阶段去做相应的修改。

即使是一些公共演讲的高手，他们在演讲排练上也非常愿意花时间。比如说大家熟悉的苹果公司创始人乔布斯，他在每一次产品发布会之前都会非常认真地在发布会现场进行演讲排练。在大家惊叹于乔布斯在产品发布会上的精彩演讲时，很少有人知道他在背后为准备发布会上的演讲所付出的努力。

本节我们讲了演讲的主要准备流程，这个流程适用于几乎所有留有时间去准备的演讲。在现实工作中，我们有时可能会被临时指派去做即兴演讲，这种场合需要我们快速确定演讲的关键信息并快速构思演讲逻辑，然后在临场发挥中达成演讲效果。第一次做这种即兴演讲对每个人来说都可能会是一个大挑战，但随着工作经验的丰富、演讲实践的增多以及演讲能力的增强，我们的即兴演讲能力也会越来越娴熟。

小练习：请你回顾一下自己在以往的演讲中曾经做过哪些准备工作，对照本节介绍的内容，列出那些自己以后可以尝试去实践的演讲准备方法。

13.3 自信演讲

做好充分的演讲准备后，就静待演讲时刻的到来了。在演讲当天，建议提前到达演讲现场。除了熟悉演讲现场外，还可以检查一下投影、音响等硬件设备是否工作正常，以避免由于设备问题而影响演讲效果。此外，有可能的话建议快速翻一下PPT以确保每一页都能正常显示，因为有时由于操作系统、PPT播放软件及其版本或者系统字体的原因会影响PPT的视觉呈现效果。如果演讲过程中需要播放视频，也需要检查一下想要播放的所有视频是否能够正常播放。如果还有一点时间，也可以提前和听众闲聊，熟悉一下听众。

演讲开始后，按照预先的准备自如地开场并依照演讲逻辑自信地进行演讲。在整个演讲过程中保持声音响亮清晰，与听众保持自然的目光接触。如果发现听众不是很专心，可以适当插入一些相关的小故事或者互动环节，当然这需要做好时间把控，以确保整个演讲能够在预定的演讲时长内完成。

在演讲过程中或者在演讲的最后部分可能会有回答听众问题的环节。在这个环节中，我们需要仔细聆听来自听众的提问，并对听众所提的问题进行确认，然后言简意赅地对问题进行回答。如果提问者希望听到更多的细节，我们可以请求与提问者进行会后交流。即使对听众所提的问题一时想不出合适的答案，我们也可以微笑着跟提问者说：" 您这个问题问得非常好，我现在没有想到非常合适的答案，但我很希望会后能跟您针对这个问题一起讨论交流"。在内部会议的某些演讲场合，如果我们知道现场的某位同事对听众所提出的问题有独到的见解，也可以请那位同事帮着回答问题。一个很重要的原则是，即使没有对被提出的问题给出满意的答案，我们也要争取不受被提问的问题或者提问者影响，继续把握演讲的节奏。

对于在单位内部进行的演讲，我们可以更方便地收集听众的反馈，同时记录演讲中那些没有被准确回答的遗留问题并进行后续的跟进。很多情况下，可能还需要在演讲之后发出一个完整的纪要。

总的来说，保持自信是演讲的真正秘诀，自信不但有助于关键信息的传达，也会提升演讲者在听众群体中的感染力和影响力。计算机体系结构的大师、精简指令集的发明者 David Patterson 就是一位优秀的讲演者。作为一名经常在各种会议及公共场合做演讲的知名学者，他对自己的每一次演讲都精心准备，而且经常回看自己演讲的视频，并从中寻求让自己成为更加卓越的演讲者的持续提升之道。

13.4 演讲时的异常处理

演讲过程中（特别是在单位内部会议上的演讲）很可能会发生一些意想不到的特殊情况。虽然我们无法控制这些特殊情况的发生，但我们可以学习在碰到这些特殊情况时该如何妥善处理。

常见的单位内部演讲可能碰到的挑战大致可以分为以下三类。

1. 演讲过程被频繁打断

单位里可能有一些同事特别喜欢提问，这难免会频繁地中断演讲。为避免这类情况的发生，一种做法是在演讲前说明规则，即跟听众说好演讲完成之后统一进行答疑。如果没有说清楚这个规则，或者声明了但有同事不遵守，可以根据演讲的进展情况来决定是否立即回答问题以及回答到什么程度。在内部的演讲过程中，有些问题的回答很容易变成讨论，这样容易打乱演讲的节奏并会占用太多的演讲时间，所以当有同事提问时，我们也可以礼貌地说："您这个问题非常有代表性，等讲完后我再统一作答，谢谢！"

2. 碰到强势领导

单位里有些领导可能会比较强势，经常会在我们演讲的过程中不断提出极具挑战性的问题，这种情况经常发生在项目立项或者进展汇报的场合。因为对方是领导，推迟到演讲之后再回答似乎也不大合适，这时唯一的应对方法就是实时认真回答领导提出的问题。有些领导甚至可能会在演讲的中途由于不认可演讲的观点而不想再听下去了，如果当时没有一个合理的解释让领导改变想法，终止演讲是一个合适的选择，但应该争取在弄清楚需求后申请另外一个合适的时间段再次演讲。当然，还有一种做法是争取在演讲前找个时间单独和领导沟通演讲的关键消息，以尽量避免演讲过程中的"惊喜"。

3. 其他情况

演讲过程中也可能会出现另外一些异常情况，导致演讲进程受影响，甚至无法继续正常进行。常见的问题有：

- ☐ 设备问题：显示器、翻页笔、网络等设备出现故障。
- ☐ 软件问题：演讲过程中用到的软件不能正常工作。
- ☐ 系统配置问题：比如计算机的分辨率设置和投影仪的分辨率不匹配、PPT 上用到的字体没有包含在播放 PPT 所用计算机的字体库中等。

出现上述情况时，先保持冷静，如果自己能解决就尽快解决，或者可以请求相关的 IT 运营人员来帮忙解决，其间也可以用一些幽默的语言或者故事来缓解这些异常情况所带来的紧张气氛。

13.5 对外演讲

前面几节介绍的演讲准备方法、自信演讲的技巧以及演讲中的异常处理方法不但适用于单位内部会议中的演讲，也同样适用于对外演讲（针对外部听众的演讲）。然而，由于对外演讲有其特殊性，我们把对外演讲需要特殊注意的一些事项罗列在下面。

1. 出席听众

在有些对外演讲的场合（比如说业界的某个主题专业会议），出席的听众人数及身份都比较难事先确定，我们只能根据此类会议往届的情况进行

第 13 章　工　作　演　讲

一个大致的估计，或者跟主办方去侧面打听。即便如此，我们也只能获得对出席听众人员情况的片面认知，这对我们准备演讲以及进行演讲都会带来一定的挑战。

如果是给客户做方案/产品介绍所进行的演讲，一定需要通过各种渠道了解出席的听众组成情况，并确认谁是决策者（决策者可能是客户方职级最高的人，也可能是客户方的技术专家，或者从第三方请来的专业人士）。

2. 演讲内容

演讲内容应根据出席听众的情况以及演讲的目的来组织。作为演讲者，我们对演讲目的应该比较清楚，但由于出席听众的模糊性，需要根据对听众的预估（年龄段、职业、身份等）来确定演讲内容的难易程度以及内容的呈现方式。比如说，同样是讲人工智能，如果听众大多是大学生，那么跟听众大多是小学生的演讲内容组织就会非常不一样。

由于是对外演讲，任何涉及公司产品、技术、战略、规划等的内容，都需要非常小心。需要确定哪些内容可以对外讲，哪些不能讲，哪些又可以通过一定的抽象与模糊化的方式去讲。大多数公司都有法务部门，在进行演讲前确保对外演讲的 PPT 经过法务的审批。此外，如果主办方希望收集演讲者的 PPT，建议把敏感信息去除后发送 PDF 版本。

3. 演讲现场

对外演讲的现场会更加复杂（比如说听众身份多样、人数众多），我们在演讲时需要根据听众的现场反应灵活处理、随机应变，以达成演讲效果。在某些演讲场合，很可能会有竞争对手公司的员工或者"商业间谍"在现场，如果在提问环节被问到敏感问题，需要冷静妥善地回答。如果实在不便回答，也可以以委婉的方式表明不便在公共场合回答这个问题，或者巧妙地绕过问题。

根据现场听众年龄段的不同，我们演讲时的语气以及演讲中间穿插的小故事都需要有针对性，以更好地激发听众的兴趣。

小练习：你觉得自己进行对外演讲时最大的挑战是什么？

13.6 本章小结

本章阐述了常见的工作演讲类型、演讲准备的一些有效方法、自信演讲的一些基本技巧、演讲过程中出现异常情况时的处理方法以及对外演讲时需要特别注意的一些事项。其实最重要的提升演讲技能的方法就是多实践，通过不断演讲来实践本章所阐述的方法，获得真切的体验和丰富的经验，然后通过不断复盘总结来逐步提升。在我们的职业发展道路上，自信、娴熟且专业的演讲技能可以让我们脱颖而出，极大地助力我们的成长。

思考题

请读者自己拟定演讲内容（可以是任何自己想分享的内容，比如说喜欢的一样东西、印象深刻的一件事情、自己满意的一个创意、令人心动的一项技术/产品等），按照本章介绍的方法准备一个15分钟的演讲，然后找朋友/同学/同事做听众进行演讲。

第 14 章

享 受 成 长

我们每个人的职业都有很多的可能性，其实不管我们以后从事什么工作，也不管我们是否已经做好了准备，一定会面临各种变化和挑战。在我们的职业之旅上，应该以什么样的姿态去迎接未来的变化和挑战，从而实现自我成长并享受成长带来的快乐？这些正是本章将要阐述的主要内容。

14.1 拥抱变化

古希腊哲学家赫拉克利特曾经说过："世界上唯一不变的就是变化"。既然变化是不可避免的，我们需要的便是以从容的姿态去应对这些变化。从容应对变化的前提是内心接受事实、承认变化的存在，然后再看这些变化对我们意味着什么，会产生什么影响，接下来再决定该采取何种方法来处理。

比如说，一个一直在江南生活和学习的青年要到四川去工作，他直接面临的一个尴尬境地便是区域饮食习惯的变化。他可以选择保持从小到大养成的饮食习惯，在外面吃饭时只吃清淡的菜肴，也可以选择逐渐去适应川菜。前一种选择保留了饮食习惯，但有可能在跟同事外出聚餐时给点菜带来额外的约束，时间长了也可能会给同事留下"适应能力差"或者"不合群"的印象。后一种选择则需要改变自己的饮食习惯。两个选择都没有对错，但就如本书中多处提到的，这也是一个折中和取舍的过程。

有些变化（比如上面所说的是否坚持原先已有的饮食习惯）允许我们在很大的灵活度下去选择是否适应，但有些变化却让我们不得不去适应，从校园到职场的变化就需要我们尽快适应。比如在作息时间、工作效率、沟通协作等各个方面，我们必须按照单位的要求来调整自己，争取在新的岗位上充分展现自己的才智和风采。

然而，有一点我们需要明确：拥抱变化并不意味着随波逐流。在涉及诚信、品格、价值观、人生观等更深的层面，我们需要有自己的坚守。拥抱变化是通过自己面对变化时态度的改变，在认清现状的基础上去探索通过自身改变来适应环境，从而成为更好的自己的可能性。如果拥抱变化的结果是变成更加不堪的自己，那将与自己的成长方向背道而驰。也就是说，我们在拥抱变化的同时不要忘了对原则的坚守与对初心的坚持！

14.2 直面挑战

不管是初入职场还是从一个单位离职后加盟另外一个单位，面对新环境、新工作和新同事，或多或少都需要有一个适应的过程。在日复一日的工作中，常见的挑战有如下一些，括号内给出了克服相应挑战的建议。

- ❏ **好多东西都不懂**：从来没有学习过完成工作任务所需的知识，对单位里的规章制度和文化也不熟悉。（建议：主动学习、虚心请教、做好时间管理、加速团队融入及文化融入。）
- ❏ **任务紧、难度大**：对新的工作任务无从下手，而且完成任务的时间很紧迫。（建议：问题分解、积极探索、虚心请教、主动学习、做好

第 14 章　享 受 成 长

时间管理。）

- **多任务、多线程**：要完成的任务不只一个，多个任务交织在一起。（建议：要事优先，做好时间管理。）

- **总有开不完的会**：开会占用了不少时间，经常不是在开会，就是在去开会的路上。（建议：要事优先，有选择地参加部分会议，并提升参会效率。）

- **时间碎片化**：除了大大小小的会议，还有很多其他的工作琐事需要处理，感觉没有整段的时间聚焦在主要任务上。（建议：明确目标，以终为始，要事优先，做好时间管理。）

- **别人都好牛**：感觉其他同事都很厉害的样子，而自己却像一只菜鸟。（建议：探索出适合自己的成长之路。）

- **词不达意**：每次做项目进展汇报时都比较紧张，而且说不清楚。（建议：明确目标、方法、结果和影响，勤总结、多复盘，并提升工作演讲技能。）

- **生活和工作无法平衡**：一天到晚都在忙工作，生活质量受到影响。（建议：明确目标，做好取舍权衡，同时做好时间管理。）

回顾本书前面的章节，其实不难发现上面的这些挑战及相应的克服建议基本上覆盖了各个章节介绍的方法和技巧。

然而不可否认的是：在面对这些挑战时，源于内心的动力非常关键。正如尼采的那句名言："凡杀不死你的，都会使你更强大！"我想这句话也是对职业生涯中凤凰涅槃的一种有力阐释。

我有一位朋友，20多年前从一所普通大学的非计算机专业考研进入一所名牌大学的计算机科学系。按照他的说法，除了考研的那几门专业课他认真复习过之外，其他计算机相关知识他基本上是零基础。刚开始读研时，他主动花了很多时间去补修基础知识，也不会因为需要向别的同学请教一些简单的专业问题而感到不好意思。更难能可贵的是，他坚信通过自己的努力在知识和技能上可以赶得上其他同学。他渐渐地缩小了跟其他同学之间的差距，等到硕士毕业时，他其实已经超越好些同学了。后来他到企业工作，也是一步一个脚印，很快便能胜任企业的工作。再后来他一边工作一边读博（读博士时他的孩子出生，可他工作、带娃、读博三不误），如今他已经是这家知名公司的资深首席工程师了。

14.3 快乐成长

拥抱变化及直面挑战后所获得的成长是令人快乐的，其实成长的过程本身也应该是快乐的。这份快乐不是指我们在成长的过程中不需要付出汗水与艰辛，而是指用一种乐观的心态去经历、去体验、去获得成长。

快乐的英文单词是 HAPPY，其实我们也可以把 HAPPY 这个英文单词拆解成五个单词的首字母：Hungry、Accountable、Proactive、Persistent 和 Young。按照这五个单词蕴含的原则去指导我们的成长实践，大概率可以更加快乐地成长，也更能体会到成长过程给我们带来的快乐。下面我们对这五个原则逐一进行详细的介绍。

1. Hungry（求知若饥）

在知识获取和技能提升方面，我们需要始终保持"饥饿"的状态，怀有强烈的紧迫感去学习和提升。有一个比拟说得特别形象：假如把我们已经掌握的知识和能力比拟成一个球体的体积，把我们自己觉得没有掌握的知识和能力比拟成这个球体的表面积，那我们掌握的知识和能力越多，发现自己不懂的地方也越多。所以真正有学问的人大都比较谦虚，而那些一知半解的人，却觉得自己好像什么都懂。

在成长的道路上，时刻保持空杯心态，从不同的渠道去学习，假以时日我们就会发现自己已经在持续成长的道路上远远超越了原来的自己。

古语云"三人行，必有我师焉"。因为每个人都有各自的优缺点，所以也必然有值得我们学习的地方，这也要求我们要善于抓住机会向别人学习。记得自己刚参加工作时，因为还负责一个小团队，所以在融入公司的同时，我除了要学习项目上的专业技术，还需要学习一些基本的团队管理技能。作为一位职场小白，我从公司好些资深技术人员及管理人员身上学到了很多宝贵的经验，那也是我工作过程中最幸福的成长时光之一。

2. Accountable（负责靠谱）

我们每个人都喜欢结交靠谱的朋友，同样的道理，我们的朋友也希望我们是具有强烈责任心的靠谱之人。靠谱，需要落实在每一件小事上，就是我们常说的"凡事有交代，件件有着落，事事有回音"，能够让团队成员放心。

负责靠谱，也是认真的表现。《士兵突击》中钢七连的连长高城在团长面前是这样描述许三多的："我认识一个人，他每做一件小事的时候，都像救命稻草一样抓着，有一天我一看，好家伙，他抓着的已经是让我仰望的参天大树了。"也就是说，许三多负责靠谱的认真劲儿让高城真实地看到了"日积跬步，以至千里"的实例。

落在工程师身上，靠谱的一个重要体现就是"用数据说话"（Data Talks），就是需要用实验数据来说明工程方法的优点。关于实验数据的收集，必须确保实验环境设置的科学性与合理性、输入数据的代表性、实验数据收集的可重复性等。对于实验数据本身，还需要实事求是地解释结果为什么好，如果有些结果不理想也需要解释清楚是什么原因造成的。养成用数据说话的习惯，也是专业程度的一种很好的体现。

3. Proactive（积极主动）

积极主动说的是我们对待事情的态度。跟被动接受不一样，一个积极主动的人面对机会时会积极争取,面对困难时会主动发现、探索和解决,在解决问题后也会认真总结甚至与他人分享经验教训。在改变不了环境时,积极主动者在不违背原则的情况下会尝试改变自己以适应环境;在改变不了事实时,积极主动者会尝试改变看待事实的角度和态度。对于积极主动者来说,历史和过去可以用来借鉴,唯一可以改变的是现在以及未来。为了拥有更加璀璨的未来,积极主动者会确立目标并按照适合自己的成长计划去逐步提升自己。

在人生的征途中,积极主动的人更容易获得快乐和幸福。虽然不是每一次的积极主动都能获得成功,但可以增加我们获得机会的概率,退一步讲,至少可以让我们成为更加强大的自己。

记得自己在毕业求职时,听了英特尔的宣讲后发现其中有一个动态二进制翻译的项目跟自己的研究方向相关,于是便给当时的实验室负责人写了一封电子邮件,分享了自己对这个项目中一些技术挑战的看法,并表述了加盟的意愿。实验室负责人收到邮件后,很快安排了面试,最后我如愿以偿加入了英特尔并开始从事动态二进制翻译器的研发。

4. Persistent(执着坚持)

一万小时法则是作家格拉德威尔在《异类》[10] 一书中指出的法则。"人们眼中的天才之所以卓越非凡,并非天资超人一等,而是付出了持续不断的努力。一万小时的锤炼是任何人从平凡变成世界级大师的必要条件。"他将此称为"一万小时法则"。

在我们的职业生涯中,难免会碰到困难和挑战,坚持还是放弃,这不但是一个选择题,也是个人成长过程中的一个考验。执着坚持者会想方设法锲而不舍地继续努力,至少会坚持到最后实在无法前行为止。轻易选择放弃的人一般在还没有充分论证及尝试过各种可行性时就知难而退了。就

第 14 章 享 受 成 长

像很多创业公司的创始合伙人说的那样：不管创业公司碰到何种挑战，只有活下去才有可能活得更好。

我们的成长从设定成长目标开始，然后朝着成长目标努力向前。在坚持不懈朝着目标进发的过程中，也需要以开放的心态去拥抱新的知识与技能，持续提升自己思考的深度和广度，这样在碰到挑战时才能拥有足够的智慧与韧性去坚持，也才能有机会在风雨之后迎来绚烂的彩虹。

5. Young（永葆年轻）

从生理的角度上来说，永葆年轻是一个伪命题，毕竟每个人都会经历生老病死。所以我们这里说的永葆年轻是指心态上的年轻，指永远保持一个年轻的心态，充满好奇心和求知欲，乐观积极，享受生命的美好。

我认识一位企业界的知名前辈，他是公司高管，管理一个很大的研发团队，令人印象深刻的是他学识渊博，好像没有他不懂的东西。记得有一次我和他一起出差，早上 7 点我去餐厅用早餐，发现他已经坐在餐厅里了，一边用餐，一边认真阅读。我走上前去才发现，他是在阅读打印出来的最新学术论文。于是我跟他打趣道："您现在是副总裁了，还需要这么用功看学术论文吗？"他微笑着回答说："如果不时刻跟上学术界和工业界的最新研发进展，以后跟年轻人探讨问题时我就跟不上思路了。"于是我一下子明白了为什么他的知识会如此渊博，也对终身学习有了更加具象化的理解。更有意思的是，他随身的包里一直放着一根跳绳，想锻炼时就拿出跳绳跳上一阵，因此他的体力不是一般的好。论文和跳绳，是这位前辈永葆年轻的法宝。

快乐成长的 HAPPY 原则要求我们在成长过程中努力做到求知若饥、负责靠谱、积极主动、执着坚持、永葆年轻。朝着这些方面去提升自己，我们也必将会拥有更加快乐的人生。

在成长的过程中，不管是确立目标，还是解决问题，我们都需要先发散性地探索各种可能性，然后明晰不同可能选项的得失利弊，按照既定的权衡策略和折中去选择当前时间最合适的机会，然后采取行动（见图14-1）。这样一个探索、明晰、选择与行动的过程会贯穿于我们成长道路上的每时每刻。

图 14-1　探索、明晰、选择与行动

14.4　本章小结

本章倡导我们去拥抱成长过程中的各类变化并直面各类挑战，进而按照 HAPPY 原则去享受成长。不管通向未来的道路充满怎样的挑战与不确定性，希望我们能够尽情享受成长之路上的点点滴滴及沿途的风景。更重要的是，享受成长带来的快乐，为自己朝着目标迈进的每一个坚实的脚步而呐喊助威。路的远方，向我们召唤的，除了绚烂多姿的未来，还有我们每个人都想努力成为的那个更好的自己。

思考题

请读者根据本章所介绍的快乐成长的 HAPPY 原则，思考一下自己在过去的成长过程中哪些方面做得不错，又在哪些方面有比较大的提升空间，列出一个自我提升的行动计划并努力把行动计划付诸实现。

第三篇

总　　结

　　入职新单位时我们的成长从熟悉工作伙伴与工作环境开始，逐步适应并积极融入工作团队及单位文化。不管我们从事何种工作，推动工作进展、提升工作效率、展现工作能力都需要我们掌握高效会议原则，学会与团队合作并熟练掌握演讲技能。直面挑战并拥抱变化是我们扬帆成长的心理基础，在成长过程中努力做到求知若饥、负责靠谱、积极主动、执着坚持、永葆年轻，在持续的自我探索与实践中享受成长带来的快乐，同时向更好的自己稳步前行。

参考文献

[1] 鲍利斯. 你的降落伞是什么颜色？[M]. 李春雨，王鹏程，陈雁，译. 北京：中国友谊出版公司，2018.

[2] FIGLER H E. The complete job-search handbook: everything you need to know to get the job you really want [M]. 3rd ed. New York: Henry Holt and Company, 1999.

[3] 牛新春，刘河清. 高等教育：从"供需错配"到"成物亦成人"[EB/OL]. (2022-04-07). https://fisf.fudan.edu.cn/ffr/content/440.

[4] 阎光才. 高校毕业生职业发展能力与人才培养制度改革[J]. 中国高教研究，2016(11)：18-23.

[5] 宋国学. 基于可雇佣性视角的大学生职业能力结构及其维度研究[J]. 中国软科学，2008(12)：129-138.

[6] 麦考梅克. 哈佛学不到的管理策略：全方位职教战手册[M]. 李芸玫，孙梅君，译. 北京：世界图书出版公司，2004.

[7] 柯维. 高效能人士的七个习惯（30周年纪念版）[M]. 高新勇，王亦兵，葛雪蕾，译. 北京：中国青年出版社，2018.

[8] 本-沙哈尔. 幸福的方法[M]. 汪冰，刘骏杰，译. 北京：中信出版社，2013.

[9] 格鲁夫. 格鲁夫给经理人的第一课[M]. 巫宗融，译. 3版. 北京：中信出版社，2007.

[10] 格拉德威尔. 异类：不一样的成功启示录[M]. 苗飞，译. 北京：中信出版社，2014.

本书赞誉

作者结合在高校开设的"事业启航"课程的内容撰写本书。全书分三部分，从了解和管理自己的"启航准备"，到应对求职和面试的"职业选择"，再到职业素养和技能的"扬帆成长"，浑然一体。

作者有16年全球知名IT企业的工作经历，不仅有带领新入职年轻人一起成长的丰富经验，更有折中、优化、迭代、协同等IT人的思维方式。书中处处能体会到作者指导年轻人的热情和IT人的智慧，是一部帮助年轻人掌握人生成长的通用技能和自我管理技能的好书。

本书对不同阶段的年轻人都会有帮助。大学新生可以从中学会探索自我、学会时间管理，高年级大学生可以从中学会如何写简历、如何面试、如何演讲等，新入职场的年轻人可以从中学会如何培养基本的职业素养和技能。

何钦铭
浙江大学计算机学院教授、国家级教学名师、CCF杰出教育奖获得者

很高兴推荐黄波教授（我们习惯称呼他"波哥"）的处女作。同学、同事近30年，与波哥亦师、亦兄、亦友。学术方面，无论是在复旦大学还是在英特尔、驭势科技，他都是大师般的存在；生活方面，他是对每一位同学、同事坦诚相待、毫无保留的兄长；事业方面，他是静水流深的诤友、放心托付的战友。

虽然在职场呼风唤雨，但波哥的理想是做一名教师，与年轻的学子们促膝恳谈，倾听他们的困惑和渴望，对他们讲述自己的故事和见解。如今，他已经得偿所愿，然而如今的年轻人，又有多少能够有幸在成长和就业历程中有这样亦师亦兄亦友的陪伴？

幸而今天看到波哥将他一生所学付梓出版，我相信更多年轻人会通过学习这本书有所收获。读完这本书，最大的感受是，这既是一本沉淀了数十年认知、可以经受时间考验、历久弥新的作品，又是具有"数字化经济大变局"鲜明时代特色的案头书。本书一以贯之的核心逻辑是，成功不是妙手偶得，改变需要刻意训练。结合本书不遗巨细讲述的道和术，读者一定能写就意气风发的人生！

吴甘沙
驭势科技联合创始人兼CEO

本书赞誉

2021年5月我受邀参加华为"智能基座鲲鹏高校行"的活动。在准备报告时,我就"学生爱听什么""关于职业发展他们有哪些困惑"等问题请教黄波教授,他很快将自己在华东师范大学讲授的关于自我探索与成长规划的讲义发给我参考。基于他的讲义,结合自己十多年的从业经验,我准备了一份报告,现场引发了学生极大的兴趣,获得了很好的反响。获悉黄波教授结合多年丰富的企业实战、高校授课经验写就的这本书即将付梓,非常惊喜,相信这本书会让更多人受益。

休假期间细致读完这本书,颇有酣畅淋漓之感。书中有很多先进的理念,比如对成功与成长的认知、职业与热爱的关系;有很多具体的方法,比如橱窗理论、问题解决六步法;有很多实用的指导,比如时间管理四象限、撰写简历、面试沟通的方法、职场人的伙伴关系梳理等,总能让我联想到自己工作中的场景,或莞尔一笑,或暗暗佩服,或抚掌叫好。不禁想,如果在18年前大学毕业之际能够得到这些指点,我一定会进步更多,成长更快。我非常认同这本书的书名中提到的"终身成长",人终其一生都要不断学习、不断成长,尤其是数字化时代的人才,"往者可鉴,来者可追,学习永远不晚"才是作者希望传递给青年人的理念。阅读这本书吧,祝愿你我在职场上扬帆起航,稳步前行!

王艳霞
超聚变数字技术有限公司产品线人力资源部部长
华为技术有限公司计算产品线前领导力经理